O Brasil
de 1945 ao Golpe Militar

José Ênio Casalecchi

O Brasil
de 1945 ao Golpe Militar

editora**contexto**

Copyright © 2002 José Ênio Casalecchi

Todos os direitos desta edição reservados à
Editora Contexto (Editora Pinsky Ltda.)

Coordenação de textos
Carla Bassanezi Pinsky

Preparação
Linotec

Diagramação
Linotec/Gustavo S. Vilas Boas

Revisão
Linotec/Juliana dos Santos Andrade

Criação, projeto e montagem de capa
Antonio Kehl

Dados Internacionais de Catalogação na Publicação (CIP)
(Câmara Brasileira do Livro, SP, Brasil)

Casalecchi, José Ênio
O Brasil de 1945 ao Golpe Militar / José Ênio Casalecchi. –
2. ed. – São Paulo : Contexto, 2025. – (Repensando a História).

Bibliografia
ISBN 978-85-7244-210-7

1. Brasil – Condições econômicas – 1945-1964
2. Brasil – Condições sociais – 1945-1964 3. Brasil –
História – 1945-1964 4. Brasil – Política e governo –
1945-1964 I. Título. II. Série.

02-5325	CDD-981.064

Índice para catálogo sistemático:
1. Brasil : História : 1945-1964   981.064

2025

EDITORA CONTEXTO
Diretor editorial: *Jaime Pinsky*

Rua Dr. José Elias, 520 – Alto da Lapa
05083-030 – São Paulo – SP
PABX: (11) 3832 5838
contato@editoracontexto.com.br
www.editoracontexto.com.br

Para Hersílio Ângelo, Rodolfo del Guerra
e a nossa "Equipe do Pluri";
e ainda para Alvinho,
Jamir, Silvinho e Zé Flávio,
todos dos árduos e esperançosos
"tempos de Rio Pardo".

Sumário

Introdução

A democracia nunca foi o forte do Brasil. Colônia portuguesa durante mais de três séculos, passou praticamente todo o século XIX sob a tutela dos monarcas de origem portuguesa. A Primeira República não tinha nenhum compromisso com o voto livre e universal, e a Revolução de 1930 'terminou numa ditadura que transformou seu líder num típico caudilho latino-americano. Daí o porquê do período de 1945 a 1964 ser tão importante para a nossa história: o país se confrontava com a democracia, elegendo presidentes para mandatos determinados, bem como concedendo direitos políticos iguais para os cidadãos. Este livro trata exatamente desses anos da chamada República Liberal em que Getúlio Vargas, Juscelino Kubitschek, Jânio Quadros, João Goulart e outros desfilaram pelo poder. Trata também da oposição, tanto a democrática quanto a do grupo de solapadores da democracia que em 1964, finalmente, obteve pleno sucesso ao tomar o poder.

Pode-se dizer que o período entre 1945 e 1964, conhecido como República Liberal, República Populista ou Quarta República, inicia-se com ampla mobilização de forças democráticas e liberais contra a ordem autoritária do Estado Novo, e encerra-se com o Golpe Militar que procurou impedir a crescente mobilização popular que pretendia ampliar os limites de uma democracia ainda restrita.

Caminha-se, assim, de uma conjuntura de crise do autoritarismo, com o processo de redemocratização, para uma conjuntura de crise da democracia, com a imposição da ditadura. Duas décadas de muitas transformações, não só na política e na economia, como também nas características de nossa sociedade e no conjunto de nossas manifestações culturais.

Da perspectiva do desenvolvimento econômico, o período assistiu a passagem de uma estrutura de predomínio do setor primário exportador para uma estrutura industrial, superando-se a fase da industrialização restringida, a partir de meados dos anos 50, quando se impõe a indústria pesada. A presença do Estado foi fundamental ao favorecimento e estímulo desse novo padrão de desenvolvimento.

Este livro trata das várias etapas e dos diversos aspectos dessa política econômica governamental. Examina as características do processo de industrialização e as suas correlações com os setores primário exportador e agropecuário para o abastecimento interno, assim como os desequilíbrios regionais de desenvolvimento, as migrações internas, o processo de urbanização e as suas consequências econômicas e sociais. O livro analisa, ainda, as nossas relações internacionais, decisivas para um país dependente e subdesenvolvido.

Ao avaliar as transformações políticas e sociais do período entre 1945 e 1964 – embora não se possa considerar o processo de redemocratização a partir de 1945, como resultado de um amplo movimento social popular que propunha transformações radicais – fica evidente o potencial de mudanças que a nova conjuntura continha. A presença popular é, sem dúvida, o fato político e social novo mais relevante nessas duas décadas. As massas urbanas e rurais, em diferentes momentos e com intensidade variada, são interlocutores com peso para interferir na estrutura sindical oficial, nas práticas da política populista, no sistema partidário. A urbanização e a industrialização provocaram a expansão do setor operário, dos estratos médios da população (técnicos, pequenos comerciantes, profissionais liberais, funcionários públicos), além de novos setores empresariais que, com maior ou menor intensidade e nível de organização, passaram a participar da vida política.

Este livro preocupa-se, por isso, com o exame do sistema partidário, do movimento sindical oficial e das organizações sindicais paralelas; com o movimento operário e camponês, as suas mobilizações de protestos, e propostas de reforma agrária, procurando demonstrar a crescente presença popular que procurava agir como agente de transformações. O Golpe Militar de 1964 impediu, preventivamente, o avanço das forças populares, encerrando uma Era na história do Brasil.

A redemocratização

O Estado Novo, regime autoritário imposto com o golpe de 1937, encerra-se em outubro de 1945, com a deposição de Vargas, antes mesmo que se cumprisse o calendário eleitoral proposto pelo ditador.

A transição do autoritarismo para a democracia tem o seu primeiro grande momento no Manifesto dos Mineiros de outubro de 1943. Organizado pelas elites liberais, reivindica as liberdades individuais, e, acima de tudo, a maior participação política e econômica das próprias elites. A partir daí, a oposição se organiza contra o regime getulista. O I Congresso Brasileiro de Escritores, de 1945, sem desconsiderar manifestações menores, aglutina, além dos liberais, diversas tendências da esquerda, numa ampla frente de oposição, e pede as liberdades democráticas, mais especificamente, eleições com sufrágio universal, direto e secreto. A União Nacional dos Estudantes (UNE) manifesta-se, na mesma ocasião, com propostas semelhantes. Quando se examina o rol das manifestações contra a ditadura, que se consolida numa "frente ampla de oposição", é preciso registrar a ausência das camadas populares urbanas, um contingente já expressivo resultante do crescente processo de urbanização e industrialização.

O que se pretendia, desconsiderando-se as posições das minorias socialistas, era assegurar ao lado das liberdades democráticas, a convivência pacífica entre o capital e o trabalho numa política de colaboração entre as classes. Nesse particular nada desprezível, não se diferenciavam da visão de desenvolvimento com paz social, proposta por Vargas na década de 1930 e permanentemente reiterada durante o Estado Novo, conforme duas manifestações suas de 1939 e 1944, respectivamente:

> Sem lutas de classe, amparadas as massas trabalhadoras numa legislação profundamente humana e satisfeitas nos seus interesses legítimos, a Nação nada tem a temer por este lado... Entre o capital e o trabalho não há barreiras, como não há antagonismos entre a cidade e o campo. São sólidos os alicerces da paz social que o Brasil desfruta.
> A política do Governo Nacional não admite a luta de classes, nem o predomínio de umas sobre outras. Felizmente, as classes conservadoras, já não têm a mentalidade de épocas passadas e se orientam no sentido de proporcionar amparo e segurança econômica ao trabalhador.

Ao assumir a defesa do trabalhador, na sua longa trajetória de governo, propondo num único documento a Consolidação das Leis do Trabalho (CLT) de 1943, sem desconsiderar a definição do "salário mínimo", em 1940, Getúlio procura ampliar as suas bases de sustentação e preparar-se para a "abertura democrática", presente a partir do momento em que o Brasil passa a participar da Segunda Guerra contra o fascismo. Logo, se de um lado surge o Manifesto dos Mineiros, em contra partida e simultaneamente em 1943, tem-se a CLT, o sindicalismo, o aumento anual do salário mínimo e, se em 1945, a oposição se apresenta através do I Congresso Brasileiro de Escritores a frente ampla e a União Democrática Nacional (UDN), sua contrapartida virá com o fortalecimento do "trabalhismo" por meio do Partido Trabalhista Brasileiro (PTB).

Situação e oposição agem na perspectiva de que "a ordem autoritária" era coisa do passado e, na transição, caminham por trilhas separadas, e não. coincidentes num ponto essencial: a continuidade de Vargas. Por isso, o ano de 1945 é um permanente medir de forças, até a deposição de Vargas. Vale a pena acompanhar os acontecimentos em razão de seus futuros desdobramentos.

Passeata de estudantes a favor de liberdades democráticas e contra a ditadura do governo Vargas (São Paulo, 1942).

Como forma de pressão, desde fins de 1944, as oposições articulam a candidatura presidencial do Brigadeiro Eduardo Gomes, tornada pública em fevereiro de 1945, época em que José Américo de Almeida – escritor e político que se opunha a Vargas desde o "golpe de 1937" –, em entrevista ao *Correio da Manhã*, faz duras críticas ao regime. Aceitando o fato dentro de uma política de distensão, a reação de Vargas foi promulgar a Lei Constitucional n. 9, estabelecendo prazo para que fossem marcadas eleições para a Presidência da República e governos estaduais, definindo ainda o funcionamento do Poder Legislativo, assim como da legislação eleitoral, regulamentando a criação dos partidos políticos e o processo eleitoral.

Para cumprir o calendário eleitoral que definia eleições para a Presidência da República e Congresso Nacional, a serem realizadas em dezembro de 1945, e para os Governos e Assembleias

Estaduais, em maio de 1946, criam-se os partidos políticos. A "frente ampla de oposição" apresenta-se com a União Democrática Nacional (UDN), em abril de 1945 e, a partir da ação de Vargas com os interventores e com o sindicalismo, surgem, respectivamente, o PSD e o PTB. O PSD (Partido Social Democrático) lança a candidatura do General Eurico Gaspar Dutra, ex-ministro da guerra de Getúlio; logo um candidato da situação. Entretanto, um conjunto de medidas de Vargas torna claro que a sucessão não se definiria entre as duas candidaturas.

A anistia concedida aos presos políticos, entre eles Luís Carlos Prestes, em abril de 1945, em resposta favorável aos vários Comitês que desde 1943 movimentavam-se nesse sentido, e a legalização do Partido Comunista, em julho daquele ano, ameaçavam as forças conservadoras que já haviam repudiado outras medidas de Vargas, de junho, como a Lei Malaia, medida antitruste que propunha a desapropriação de empresas nacionais e estrangeiras diante da prática do monopólio.

Fato, porém, que a partir de junho põe de prontidão as oposições é a intensa mobilização popular em torno das bandeiras "queremistas" – "Constituinte com Getúlio", "Queremos Getúlio". O queremismo aproxima Getúlio das massas e dá um caráter antipopular à oposição que se contrapõe frontalmente a esse movimento das classes populares urbanas. O apoio dos comunistas ao queremismo polariza as posições, ao mesmo tempo em que Vargas, em reiteradas manifestações, aceita o movimento: "Devo dizer-vos que há forças reacionárias poderosas, ocultas umas, ostensivas outras, contrárias todas à convocação de uma Constituinte. Posso afirmar-vos que, naquilo que de mim depende, o povo pode contar comigo". Era clara manifestação pública do continuísmo de Vargas.

Ao propor, em meados de outubro de 1945, a alteração do calendário eleitoral, antecipando para o mesmo dia da eleição presidencial e do Congresso, as eleições para os governos e assembleias estaduais, Vargas deixa claro que tentava favorecer os interventores estaduais, homens fortes do Estado Novo e com grande poder de articulação política para se elegerem ou elegerem os seus candidatos. A UDN, o Partido Republicano e o Partido Libertador lançam o Manifesto das Oposições Coligadas, em repúdio ao decreto de alteração eleitoral e ativam, ainda mais, a sua aproximação com as forças armadas no movimento para a deposição do presidente. O processo se intensifica, quando Getúlio nomeia para chefe de polícia o seu irmão Benjamin Vargas (Bejo), conhecido pela truculência e arbitrariedade, fazendo com que as forças armadas proponham a sua "renúncia". O ministro do Supremo Tribunal Federal, José Linhares, assume o poder, em 30 de outubro de 1945, até que, realizadas as eleições, toma posse o General Eurico Gaspar Dutra. Getúlio, ao se retirar do poder depois de 15 anos, deixa uma última mensagem: "os trabalhadores, os humildes aos quais nunca faltei com o meu carinho e assistência – o povo, enfim há de me compreender. E todos me farão justiça".

Encerra-se o Estado Novo no que havia de mais discricionário. Permanecem intocáveis a Consolidação das Leis Trabalhistas (CLT) e o sindicalismo corporativo, as criações duráveis de Getúlio. A nova ordem democrática vai ter que conviver e acertar as contas com questões postas com maior intensidade na transição examinada, como o sistema partidário e a crescente presença das massas urbanas, organizadas ou não no cenário político.

A Era do Estado Novo encerra-se com a deposição de Vargas em 1945, mas muitas de suas características e realizações permanecem como herança política. (Jornal anuncia a saída de Vargas do governo)

Desenvolvimento econômico – política econômica e relações econômicas internacionais

Quando se analisa o imediato pós-guerra na perspectiva do desenvolvimento econômico do país e da política econômica do governo, é preciso avaliar em que sentido a passagem do regime autoritário do Estado Novo para um regime democrático, provocou ou não mudanças de rumos.

Todos os estudos de nosso desenvolvimento econômico consideram o período entre 1930 e 1945 anos de mudanças essenciais, quando o setor dinâmico de nossa economia deixa de ser o agroexportador, substituído pelo setor industrial. Não se pode desconhecer também que nesse período e, especialmente durante o Estado Novo (1937-1945), a política econômica favoreceu o desenvolvimento industrial, por meio de uma ação interventora e reguladora do Estado. Os dados indicam essa mudança de rumo: entre 1930 e 1945, a produção industrial interna cresce 60%, ao passo que as exportações diminuem 23%.

Considere-se que a partir da crise de 1929, com o colapso do nosso setor agroexportador cafeeiro e a consequente impossibilidade de importar, teve início o "processo de substituição de importações" que acabou se impondo por duas décadas e meia.

O longo período 1930-1945 deixa para o futuro imediato uma ordem autoritária resultante do Estado Novo e uma decisiva presença do Estado no processo de desenvolvimento econômico que, apesar dos anos de guerra, ou por isso mesmo, apresentava resultados favoráveis, como por exemplo, uma enorme reserva de divisas, fruto de um superávit comercial acumulado durante a Guerra. Não era, portanto, desprezível a atividade industrial, nem secundária a presença do Estado nas decisões de política econômica, por intermédio das empresas públicas, do Conselho Nacional de Política Industrial e Comercial etc. Deixa também, como herança, um processo inflacionário e carências essenciais de infraestrutura para o desenvolvimento econômico, especialmente em energia e transportes.

O período que se inicia com a eleição democrática de Dutra, substituindo os quinze anos do governo de Getúlio Vargas, se torna propício a novas demandas e manifestações de otimismo dos oposicionistas ao Estado Novo. Entre as primeiras estão as vozes dos que pretendiam a volta ao "país essencialmente agrário", seguidas de expectativa de maior participação política das forças sociais populares, além da esperança de uma ajuda concreta dos Estados Unidos e a certeza de um superávit comercial jamais visto.

A participação da atividade interventora ou reguladora do Estado nos rumos da política econômica continuou sendo decisiva. Houve, até por força das pressões democráticas, um rearranjo no aparelho econômico com a extinção dos órgãos que poderiam cumprir funções centralizadoras de coordenação e planejamento da economia. Suprime-se o Conselho Nacional de Política Industrial e Comercial, a Comissão de Organização Econômica e a Comissão de Planejamento Econômico. Com isso, avaliam alguns analistas, pretendia-se marcar as diferenças entre o novo governo e o antigo regime autoritário.

Outra medida do governo, com base na constatação de carências essenciais de infraestrutura necessária para o desenvolvimento econômico, foi a criação do Plano Salte, definido como um plano de administração quinquenal, a partir de 1949, que buscava coordenar os gastos públicos em programas de saúde, alimentação, transportes e energia. Não se desconheciam as carências dos recursos públicos e dos setores essenciais enumerados. Não era novidade as precárias condições de nossos sistemas de transporte rodoviário e ferroviário e de nosso sistema portuário, que oneravam e restringiam o abastecimento urbano, o escoamento da produção industrial e agrícola para os mercados interno e externo. O setor energético (eletricidade e petróleo) onerava pesadamente o nosso balanço de pagamentos. Por isso, uma política para o petróleo era essencial, uma vez que se sabia das possibilidades de nossas jazidas inexploradas. Nesse sentido, os projetos são tímidos, com prioridade para a compra de refinarias e petroleiros no exterior, em prejuízo da ex-

A modernização da agricultura e o desenvolvimento da infraestrutura para o escoamento da produção agrícola para o mercado internacional faziam parte dos planos econômicos governamentais. (Rótulo de exportação de laranja brasileira)

ploração de nossos recursos. No caso da energia elétrica, o Congresso Nacional veta as verbas para investimentos na indústria pesada de equipamentos elétricos, o que inviabiliza o necessário crescimento do setor e também evidencia uma política de menor ênfase na atividade industrial que caracterizou o período. Para o setor de alimentos, a prioridade era a melhoria da agricultura para o consumo interno e para a exportação. Tal ação consistia em recursos para a mecanização e conservação dos solos, para a seleção de sementes, com destaque para a produção de trigo. Preocupou-se também com a melhoria da produção animal.

No setor da saúde, as carências também eram sérias. A idade média da população mais pobre era de 30 anos. Nesse setor as propostas demonstraram maior integração e possibilidades técnicas de realização. As campanhas contra a malária, verminoses, lepra, febre amarela, tracoma etc.; os programas de assistência médico-hospitalar, sanitário e de higiene e segurança do trabalho, além da produção nacional de remédios preventivos e curativos mostram a abrangência do plano.

Como se pode observar, as necessidades eram enormes e exigiam vultosos recursos públicos para o seu atendimento. Os recursos externos oficiais não estavam disponíveis, em razão do posicionamento norte-americano e, internamente, uma possível reforma tributária para aumentar as fontes de recursos encontrava resistências comuns a medidas dessa natureza. Assim, o Plano Salte, proposto como quinquenal, foi praticamente abandonado em 1952. Segundo uma avaliação crítica, o plano se reduziu a "uma realidade puramente retórica, sem nenhuma eficácia executiva, sendo talvez o mais espetacular desastre das tentativas de planificação no Brasil". O seu mérito consistiu em ter mantido na ordem do dia os debates em torno de nossas carências de infraestrutura, uma vez que não se constituíram mecanismos institucionais que garantissem a coordenação e o controle mínimo dos projetos.

Merece também destaque, em razão de seus efeitos sobre nosso desenvolvimento econômico, a política cambial do governo. Entre as expectativas otimistas do imediato pós-guerra, estava o nosso superávit comercial, acumulado entre 1939 e 1945; havia um clima de "euforia cambial", uma vez que as nossas reservas chegavam a 730 milhões de dólares. É bom frisar que somente 100 milhões eram reservas líquidas disponíveis; o restante eram libras esterlinas e estavam inconversíveis, "congeladas", como se dizia na época.

Ao favorecer as importações e estabelecer uma concorrência com a produção interna de bens de consumo, barateando o custo de vida e derrubando a inflação, propiciava-se, ao mesmo tempo, em razão do câmbio valorizado, as importações necessárias para o desenvolvimento do setor industrial e procurava-se atrair os investimentos externos.

A partir de 1947, adota-se uma nova política cambial de controle seletivo das importações, só revogada em 1953, em que se considerava, além da quantidade, da qualidade e preços, o seu caráter de essencialidade para o desenvolvimento industrial. Preferencialmente, tratava-se de importações de máquinas e implementos, combustíveis e matérias-primas para o setor industrial.

Quando se examina o período Vargas entre 1950 e 1954, na perspectiva de sua política econômica, é preciso considerar a existência de um projeto desenvolvimentista e forte empenho do governo para a sua realização, ao mesmo tempo em que se deve examinar as condições objetivas da realidade econômica que favoreciam ou não essa realização.

Se para o governo Dutra concebeu-se o Plano Salte, como já vimos, e para o de Juscelino o Plano de Metas, como veremos, Getúlio não expõe formalmente um plano de governo. Entretanto, a não formalização não excetua a existência de um projeto claro para o nosso desenvolvimento econômico, contido nas mensagens do governo, enviadas ao Congresso Nacional durante o período. Em especial, a primeira mensagem de 1951 expressa o fundamental desse projeto.

O projeto do governo Vargas, para o desenvolvimento das atividades industriais, preocupava-se com questões tais como: as carências de infraestrutura, desenvolvimento da indústria de base, a busca de recursos públicos e privados e a ação das empresas estatais. A agricultura deveria ser modernizada, com melhorias técnicas, maior mecanização, armazenamento e comercialização integrados, além de uma política de financiamento e crédito para as empresas agrícolas. No que se refere à área social do plano, preocupava-se com a melhoria dos transportes e alimentação da população urbana. A constituição de um sistema de financiamento estatal, além do aperfeiçoamento e ampliação do sistema tributário deveriam garantir recursos para os investimentos. Sem desconsiderar a coexistência com o capitalismo internacional, foram estabelecidas condições para a entrada do capital externo, assim como para a remessa de lucros. Nesse Plano Geral de Desenvolvimento Econômico e Social, as questões eram tratadas de maneira integrada e através de coordenação e planejamento que garantissem uma execução articulada entre as diversas áreas de ação do plano. Para isso, os novos órgãos têm âmbito nacional, destacando-se a Comissão Nacional de Política Agrária e a Comissão de Desenvolvimento Industrial, ambas de 1951.

Desde o início do governo, reiterou-se a necessidade de se resolver o grave problema das carências de energia e transportes, como essenciais para o desenvolvimento econômico do país; época em que o Congresso recebe o Programa do Petróleo Nacional, com a proposta de criação da Petrobrás, o que acaba ocorrendo em 1953 com ampla mobilização popular; caberia à União o monopólio no que se refere à pesquisa, lavra e refino do petróleo, enquanto a comercialização de seus derivados seria realizada pelas empresas estrangeiras já instaladas no país. Com relação à energia elétrica, em 1954, é apresentado o Plano Nacional de Eletrificação. Quanto ao setor de transportes, desde 1951 a Comissão Mista Brasil-Estados Unidos encarregava-se de elaborar projetos para essa área. Vale a pena mencionar a ação dessa Comissão: entre 1951 e 1953 apresenta 41 projetos, em especial para os setores de energia e transportes. Desses projetos, somente 15 receberam financiamento, num total de 186 milhões de dólares, e uma única empresa estrangeira obteve, desse total, 60 milhões. Havia interesse de empresas norte-americanas, ligadas a grupos econômicos nacionais, em investimento nessas áreas.

Ao lado de projetos para suprir as carências de energia e transportes, havia também uma clara avaliação da importância do desenvolvimento das indústrias de base. A mensagem presidencial destaca os setores em que a ação do Estado deveria contribuir para o desenvolvimento: ferro e aço, indústria de equipamentos e material ferroviário, indústria elétrica pesada, indústria automobilística, indústria de construção naval, indústria química pesada. Nesse sentido propõe-se a expansão da Companhia

Siderúrgica Nacional, a reativação da Fábrica Nacional de Motores, com a produção de caminhões e tratores, e incentivos à indústria nacional de autopeças, à produção de fertilizantes, à refinação do petróleo etc.

Claro que para esse conjunto de ações se estabelece uma política que, ao definir os 3 grandes setores industriais, propõe incentivos governamentais por meio da concessão de isenções, subsídios e proteção cambial, além da presença da empresa pública.

A empresa pública era a grande investidora em infraestrutura, uma vez que não havia, por parte do capital privado nacional ou estrangeiro, interesse em investimentos dessa natureza, comumente de longa maturação e rentabilidade baixa. Esses investimentos públicos deveriam contar preferencialmente com o financiamento externo público do Banco Internacional de Reconstrução e Desenvolvimento (BIRD) e do Eximbank. Para as fontes internas de recursos, foram propostas taxas adicionais restituíveis sobre o imposto de renda, sobre reservas e lucros de empresas, a emissão de títulos da dívida pública etc. Ao lado desse Programa de Reaparelhamento Econômico de fins de 1951,

Lavradores sendo instruídos por agrônomos.

cria-se, em meados de 1952, o Banco Nacional de Desenvolvimento Econômico (BNDE), uma agência estatal para garantir a execução do Programa. A sua ação foi a de prover recursos, a longo prazo, para empresas privadas e governamentais para investimentos em infraestrutura e indústria de base.

A verdade é que não é possível negar a presença de um projeto articulado para o desenvolvimento do capitalismo no Brasil em que a ação do Estado teria um papel decisivo. Esse projeto seria o fio condutor da política econômica, sem desconsiderar a busca de soluções para as questões econômicas de "curto prazo", os recuos necessários diante dos interesses capitalistas nacionais e internacionais e as demandas crescentes das massas urbanas.

Os problemas para a realização do plano de desenvolvimento econômico e social de Vargas foram impostos pelo próprio estágio de nosso desenvolvimento econômico e, de nossas relações econômicas internacionais que apresentavam obstáculos de variadas ordens; daí uma política econômica desenvolvimentista que convive, para a sua própria realização, com um crescente processo inflacionário, com o desequilíbrio no balanço de pagamentos, com a crescente necessidade de recursos internos e externos para investimentos.

Não foi possível conter o processo inflacionário, cujos índices anuais passaram de 7,1 % em 1949 para 20,8% em 1954. Para esse crescimento contribuíram desde o endividamento externo, a partir do aumento das importações provocado pela Guerra da Coreia, a crise da oferta de alimentos entre 1951-1952, a expansão de créditos dos bancos oficiais para a expansão das empresas, até os aumentos do salário mínimo de 1952 e 1954.

O surto inflacionário, a alta propensão à importação, o déficit nas receitas cambiais, os crescentes gastos públicos e as dificuldades de ampliar as fontes internas de arrecadação e externas de financiamentos levam a uma crise econômica profunda. Por isso, propõe-se uma reforma cambial. A Instrução n. 70 da Superintendência da Moeda e do Crédito (SUMOC) obtém resultados positivos: um melhor desempenho de nossas exportações, uma reserva de mercado para a indústria nacional, importação de bens de capital e insumos essenciais para o processo de industrialização, e um sensível aumento da receita governamental.

No que se refere ao desenvolvimento agrícola, os resultados foram restritos, tendo se caracterizado muito mais pela expansão da fronteira agrícola do que pela modernização técnica.

Quanto ao nosso principal produto de exportação, os bons anos do café, entre 1949 e 1953, geraram divisas essenciais para o desenvolvimento. Apesar da tendência desfavorável do mercado mundial no período, os produtos primários, como o cacau, o açúcar, o algodão e o minério de ferro tiveram seus preços em alta.

Entre 1950 e 1954, o governo Vargas empenhou-se em estabelecer uma política desenvolvimentista. (Getúlio Vargas em 1954)

O setor industrial pôde contar com uma nova política cambial que permitiria novos investimentos em infraestrutura e indústrias de base, num processo cada vez mais sofisticado de substituições de importação.

No que se refere ao pretendido desenvolvimento social, as carências eram brutais, sendo significativos os desequilíbrios regionais.

Ao encerrar prévia e tragicamente o seu mandato presidencial, Vargas havia desencadeado um processo irreversível de desenvolvimento econômico-industrial e encaminhado soluções para as carências de infraestrutura, cujos marcos foram a criação da Petrobrás e do Banco Nacional de Desenvolvimento Econômico (BNDE).

O curto período de agosto de 1954 a janeiro de 1956, da morte de Vargas à posse de Juscelino, ao lado da aguda crise política, legou uma crise econômica em que se destacaram o colapso cambial, o desequilíbrio orçamentário e um crescente processo inflacionário. Período nitidamente de transição, em que se tomaram medidas de caráter ortodoxo para a solução da crise, sendo, por isso, duramente combatido pelos setores mais dinâmicos da economia, alinhados com a política desenvolvimentista do período de Vargas. Coberto por duas curtas gestões antagônicas no Ministério da Fazenda, a de Gudin e a de Whitaker, o setor industrial, como o mais dinâmico da economia, ganha consciência cada vez maior de que não estava na política restricionista a saída para o desenvolvimento.

Quando se examina o Governo Kubitschek, sob a perspectiva da política econômica, o que se destaca é o Plano de Metas que, segundo um estudioso, seria "a mais sólida decisão consciente em prol da industrialização". Ao decidir pelo plano, o Executivo abandona a perspectiva de uma política de estabilização, em favor do desenvolvimento. Logo, deixa de lado os equilíbrios cambial e orçamentário, as contenções monetária e de crédito e o combate à inflação que haviam orientado o curto período Café Filho, sob a influência do Fundo Monetário Internacional (FMI). Tal decisão não desconsidera o estágio já alcançado pelo setor industrial e muito menos a presença do Poder Público, como um polo decisivo de coordenação, em que o Estado assume a posição de "empresário-empreendedor". Há um comprometimento do setor público, a quem caberá "realizar as inserções de capital público em obras de natureza consideradas básicas ou infraestrutura e facilitar e estimular as atividades e investimentos privados".

Para o plano foram essenciais os projetos e relatórios da Comissão Mista Brasil-Estados Unidos, a criação do BNDE e das empresas públicas, desde a Companhia Siderúrgica Nacional até a Petrobrás. Elaborado com trinta e uma metas para os setores de energia, transportes, alimentação, indústria de base e educação, tendo por meta síntese a construção de Brasília, o plano chegou aos seguintes resultados:

Brasil: Plano de Metas, Previsão e Resultados – 1957-1961

	Previsão	Realizado	%
Energia Elétrica (l.000 kw)	2.000	1.650	82
Carvão (1.000 ton.)	1.000	230	23
Petróleo-Produção (1.000 barris/dia)	96	75	76
Petróleo-Refino (1.000 barris/dia)	200	52	26
Ferrovias (1.000 km)	3	1	32
Rodovias-Construção (1.00 km)	13	17	138
Rodovias-Pavimentação (1.00 km)	5	–	—
Aço (1.000 ton.)	1.100	650	60
Cimento (1.000 ton.)	1.400	870	62
Carros e Caminhões (1.000 unid.)	170	133	78
Nacionalização (carros) (%)	90	75	–
Nacionalização (caminhões) (%)	95	74	–

Fonte: Banco do Brasil, *Relatório e Anuário Estatístico*, vários anos.

A questão primordial era a de obtenção de recursos para financiar tal empreendimento. A nossa tradicional fonte de recursos e de capacidade para importar, proveniente do setor exportador cafeeiro, desde 1955 e até o final do período, passou por persistente crise. Ao ter que defender o seu preço no mercado internacional, para a compra e armazenamento de estoques, o governo arcava com custos que não eram pequenos.

Recorrer, portanto, ao capital estrangeiro público e privado foi o melhor recurso, diante de uma legislação que favorecia tais investimentos. A adoção do Plano de Metas vinculava-se também à nova etapa da expansão do grande capital monopolista em direção ao investimento industrial direto nos países subdesenvolvidos. Em 1956, o Brasil era o terceiro maior receptor de capital de risco (investimento direto) de origem norte-americana, aplicado na produção de bens industriais. Entre 1955 e 1960, dos 565 milhões de dólares de capital dessa natureza investidos, 401 milhões recebiam incentivos resultantes da Instrução n. 113, da Superintendência da Moeda e do Crédito (SUMOC), que favoreceu a entrada de capital no país e a importação de equipamentos para empresas nacionais e estrangeiras, instituída no curtíssimo período presidencial de Café Filho. Ao mesmo tempo, protegia-se o capital nacional.

É preciso também destacar a política cambial que, durante todo o período, constituiu-se num mecanismo de proteção ao empresariado nacional, na medida em que garantia reserva de mercado para os bens produzidos no país. Ao mesmo tempo em que estimulava a entrada de equipamentos para o desenvolvimento da indústria de bens de capital, se evitava a concorrência com o similar nacional. A política cambial converteu-se num valioso instrumento do setor público para o sucesso do Plano em que se casavam os interesses das empresas estrangeiras e nacionais.

Os investimentos públicos nas áreas de infraestrutura foram decisivos. Tais investimentos, essenciais para a industrialização, com retorno de longo prazo, só poderiam ser efetuadas pelo setor público e favoreceram, com insumos baratos, além de encomendas e compras regulares, empresas nacionais e estrangeiras. Os investimentos públicos em energia, por exemplo, impunham a produção de grandes geradores, turbinas, transformadores, além de acionar firmas empreiteiras para a construção das usinas. A expansão das redes rodoviária e ferroviária, a construção de Brasília, como será fácil observar, estimulariam o desenvolvimento de setores essenciais: produção de aço, cimento, equipamentos ferroviários etc.

O núcleo da política econômica do período foi o estímulo à iniciativa privada, à participação do capital e da tecnologia estrangeiros e a permanente intervenção do Estado como orientador dos investimentos. Como afirma Carlos Lessa em um dos melhores estudos dessa política: "a regra fundamental era o incentivo a tudo o que fosse novo, que representasse a abertura de novos blocos produtivos, e, portanto, de novos mercados e de um novo perfil tecnológico. O Estado cimentava assim, as bases de uma estrutura fundamentalmente solidária de relações empresariais, combinadas numa forma particular de divisão setorial e intrassetorial de produção".

No período 1957-1961, o PIB cresceu 7,9% ao ano, contra 5,2% do quinquênio anterior e implantou-se um sistema industrial integrado em termos verticais, apresentando um perfil de

economia madura, que passava qualitativamente do processo de industrialização restringida para o de industrialização avançada, com a instalação da indústria pesada, corporificada no desenvolvimento simultâneo de setores essenciais como o de siderurgia, o de material elétrico pesado, o metal-mecânico e o químico.

Atinge-se tambémum novo estágio de internacionalização da economia brasileira, por intermédio das empresas multinacionais, com decisões próprias de investimentos e comercialização, o que aumenta a nossa histórica dependência.

A construção de Brasília era a "meta síntese" do Plano de Metas do governo Kubitschek. (JK em caricatura de Nássara)

O Plano de Metas, entretanto, delegou para o futuro problemas de difícil solução. Não houve a pretendida modernização da agropecuária. As respostas positivas do setor às demandas desenvolvimentistas resultaram da expansão da fronteira agrícola e não da melhoria técnica. Acentuavam-se então os desequilíbrios regionais.

Os recursos públicos, concentrados nos gastos para a industrialização, foram irrisórios nas áreas de educação, saúde, previdência social, moradia etc. Não é sem motivo que, na cidade de São Paulo, o maior polo do desenvolvimento nacional, apenas 31,7% da população chegava aos quarenta anos e 16,6% aos sessenta.

Deixa para o próximo mandato presidencial uma estrutura industrial madura, como anotamos, ao lado de uma inflação crescente e uma "terrível situação financeira", para utilizar termos da avaliação nada exagerada de Jânio Quadros, ao assumir o poder em janeiro de 1961. Na ocasião, o déficit de balanço de pagamentos havia chegado a 410 milhões de dólares, para exportações totais de 1270 milhões de dólares. Segundo Jânio Quadros, a dívida do Brasil chegara a 3800 milhões de dólares, dos quais 600 milhões com vencimento em 1961. O déficit orçamentário previsto para este ano era de 100 bilhões de cruzeiros, consistindo em um terço da receita. A inflação superava os 30% ao ano. O período coberto pelas presidências de Jânio Quadros e João Goulart, entre 1961 e 1964, na perspectiva da política econômica do governo, foi marcado por uma constante improvisação de medidas que não propunham um rumo definido para a ação do Poder Público. Se no período anterior era possível definir um Plano de Metas, antecipando-se aos acontecimentos, nessa nova fase a política econômica estava na retaguarda dos acontecimentos. Há o que se costumou chamar de "paralisia decisória", no sentido de busca de objetivos de médio e longo prazos, com o predomínio, até o Plano Trienal de 1963, das ações de curto prazo que muitas vezes se contrapunham e se acumulavam. Vários fatores contribuíram para essa condução errática: à crise do modelo de acumulação alia-se a instabilidade política, com a renúncia de Jânio Quadros, agravada crescentemente até o Golpe de 1964.

No seu curtíssimo mandato presidencial, Jânio propõe um austero programa de contenção de gastos. A Instrução n. 204 da Superintendência da Moeda e do Crédito (SUMOC) foi a medida mais importante. Por ela, são extintas as taxas múltiplas de câmbio, que protegiam o empresariado industrial nacional, com a retirada de subsídios para produtos importados; desvaloriza-se em 100% o cruzeiro (nossa moeda na época), retiram-se os subsídios ao trigo, aos combustíveis e aos transportes e propõe-se o congelamento parcial de salários. Os protestos populares e do empresariado nacional foram imediatos. Contudo, Jânio prometera ser "duro, duríssimo", na condução da política econômica recessiva. Para tanto, conta com um forte aliado, o FMI, que lhe dá o aval para novos empréstimos internacionais, uma vez que as medidas tomadas nada mais eram do que a estrita política do próprio Fundo Monetário.

Ao assumir o governo, num contexto de séria crise política e econômica, Goulart sofre pressões ponderáveis. O estágio avançado da industrialização impõe a demanda por recursos de infraestrutura (energia e transportes); tais investimentos em infraestrutura contemplam os interesses dos produtores de bens de capital do setor industrial e pressionam os gastos públicos em período de crise. Não era também possível uma política de contenção, com cortes aos subsídios ao trigo e aos transportes, numa conjuntura de inflação crescente, para o que contribuíam os reajustes dos preços de produtos industriais de empresas com dificuldades para obter financiamentos.

Ainda no quadro da estrita política econômica interna, deve-se considerar os necessários ajustes institucionais, além das reformas estruturais impostas pelo próprio desenvolvimento. Não é desmotivado o compromisso de Goulart, em seu primeiro pronunciamento de 1961, com as Reformas de Base (agrária, bancária, urbana, administrativa, educacional fiscal). O fato novo extremamente importante é que, pela primeira vez, a formulação da política econômica deixa de ser uma ação do Estado, com o estrito envolvimento de seus técnicos e de uma minoria de interessados. Há um envolvimento dos setores populares, organizados ou não, nos debates. Nunca se havia discutido com tanta amplitude os problemas do desenvolvimento econômico, e as reformas necessárias impostas pela crise, por mais que se valorizasse o movimento popular na defesa do petróleo ocorrido na década de cinquenta.

Os índices inflacionários eram preocupantes: 37% em 1961, 57% em 1962 e 63% em 1963. A economia desacelerava-se: 7,7% em 1961, 5,5%, em 1962 e 2,1% em 1963.

Em 1963, ao apresentar o seu Plano Trienal, concebido como um elaborado esquema de estabilização, em que se favorecia o crescimento econômico com o gradativo combate à inflação, o governo pretendia dar um rumo à sua política econômica. Num quadro de crescente instabilidade política e crise econômica, o plano propunha uma ação abrangente e profunda: diminuição dos índices inflacionários e dos déficits públicos, criação de novos impostos para os setores mais ricos, redução dos subsídios ao trigo, petróleo e transportes, e refinanciamento das dívidas externas, além das Reformas de Base essenciais.

O plano seria também um instrumento para o refinanciamento das dívidas externas, uma vez que se enquadrava no receituário do FMI.

A reação ao plano veio de diferentes setores. Calculava-se que o fim dos subsídios aumentaria em 177% o preço do trigo e em 40% o dos transportes. Os setores sindicais, populares e de esquerda mais próximos de Goulart, representados pelo Comando Geral dos Trabalhadores (CGT), União Nacional dos Estudantes (UNE), Frente Parlamentar Nacionalista (FPN), reagem a tais medidas. Os empresários, com destaque para os da indústria automobilística, pedem financiamento, reduzido pelo plano de estabilização. Os setores agrários tradicionais contrapõem-se à reforma agrária. O plano é deixado de lado, com o abandono da política monetária.

Mencione-se ainda, a respeito da política econômica do período, as medidas relativas aos setores agroexportador e ao agropecuário para o abastecimento do mercado interno. No que se refere ao setor agropecuário, houve uma política de crédito rural, programa de preços mínimos e condições especiais para a aquisição de equipamentos. No setor agroexportador, destaque-se o plano de racionalização: tanto as áreas que permaneceram cafeeiras, quanto aquelas que se transformaram em áreas agrícolas diversificadas ganharam produtividade, promovendo-se também, na ocasião, a formação de pastagens para a criação do gado. A crise de abastecimento era aguda não só pela crescente demanda urbana, como também pelos efeitos da grande estiagem de 1963, afetando as culturas de milho, algodão, arroz, feijão entre outras. No encerramento do ano de 1963, revelava-se evidente o fracasso da política econômica do governo; a taxa de crescimento do PIB chegara ao baixíssimo patamar de 1,5%.

Quando se avaliam as nossas relações econômicas internacionais entre 1945 e 1964, é preciso ressaltar o predomínio delas com os Estados Unidos em caráter de subordinação às diretrizes gerais da política externa desse país, que se caracterizam "por um desejo de colaboração", desde que preservados os interesses norte-americanos no Brasil. No início da década de 1960, na vigência da "Política Externa Independente", há uma mudança de rumo no sentido de propor alternativas à referida submissão. No período Dutra, em razão da contribuição brasileira para a Guerra, ao lado dos norte-americanos, eram muito otimistas as expectativas em se obter a "ajuda de um tradicional aliado", que, em 1943, através da Missão Cooke, pretendia promover programas de industrialização para o país.

Contrariando as expectativas brasileiras, foram desanimadoras as respostas americanas às nossas demandas. Para a América Latina, em geral, a contribuição norte-americana não pretendia ir além de um "desejo de colaboração", uma vez que seus esforços encontravam-se concentrados na reconstrução dos países europeus devastados pelo conflito. Para o caso brasileiro, desde logo ficou clara a posição dos Estados Unidos: o país deveria utilizar recursos próprios para os programas de reequipamento da economia. Para os programas de desenvolvimento econômico as fontes poderiam ser: os referidos recursos internos, como, por exemplo, as amplas reservas acumuladas nos anos de guerra, os capitais estrangeiros e os recursos do Banco Mundial, criado para essa finalidade. Sugeria-se também, a criação de um "clima favorável" para o ingresso do capital estrangeiro no país.

Em 1948, durante a Conferência Interamericana sobre a Defesa do Continente, realizada no Rio de Janeiro, que consolidava o alinhamento da América Latina aos princípios norte-americanos da Guerra Fria e de combate ao comunismo, o governo brasileiro conseguira a criação da Comissão Mista Brasil-Estados Unidos (Missão Abbink), com a finalidade de discutir, conjuntamente, os problemas econômicos brasileiros. Como resultado concreto, foram reiteradas as antigas propostas: os recursos internos e os capitais privados externos deveriam ser as fontes para os programas de desenvolvimento. Ao evitar a aplicação de recursos oficiais norte-americanos no Brasil, torna-se mais dramática a obtenção destes para investimento em energia e transportes, com alto índice de carência, e para equilibrar a crítica situação do nosso balanço de pagamentos. O único saldo positivo das relações travadas com os Estados Unidos foi a criação da Comissão Mista Brasil-Estados Unidos no governo Truman, cuja política pretendia "tornar disponível o conhecimento técnico norte-americano" para as regiões mais pobres do mundo, elaborando projetos, especialmente nas áreas de energia e transportes, com o financiamento do Banco Mundial. As propostas de desenvolvimento assim elaboradas deveriam ser apreciadas por instituições financeiras como e Eximbank e o Banco Mundial.

Ao se encerrar o governo Dutra, nossas relações com os Estados Unidos não eram muito animadoras, frustrando, assim, as expectativas iniciais.

Para fazer frente aos crescentes gastos exigidos pelos "projetos" desenvolvimentistas, optou-se pelos recursos externos públicos. Como notamos, havia a correta avaliação de que os capitais privados, externos ou nacionais, não se interessariam em investir pesado nas áreas de energia e transportes, dada a longa maturação e lucro moderado da aplicação. Nesse aspecto havia, no início do período de Vargas, a expectativa de que as boas relações com os EUA pudessem favorecer os pretendidos empréstimos internacionais. Entretanto, duas questões essenciais dificultaram as relações internacionais entre Brasil e Estados Unidos: a primeira foi a eleição de Eisenhower para a presidência dos EUA que, ao desativar a política de Truman, propõe o encerramento da Comissão Mista e passa a considerar secundariamente a América Latina, num momento internacional de recrudescimento da Guerra Fria; a segunda foi a posição do governo brasileiro a respeito dos investimentos estrangeiros no país. Sem desconhecer a importância e necessidade de tais investimentos, Vargas havia, já no início do governo, tomado providências para avaliar o estoque de capital estrangeiro na economia nacional e evitar a remessa de lucros indevidamente calculados. Posteriormente, sem consulta prévia aos Estados Unidos, o governo impõe restrições à remessa de lucros, o que acarreta um boicote nos financiamentos externos, em especial os relativos ao poderoso Banco Mundial, que vincula a concessão de empréstimos à apresentação de uma solução favorável para a questão da remessa de lucros, mesmo considerando-se que a nossa legislação sobre o assunto era a menos restritiva de toda a América Latina, em 1953. Entre 1953 e 1954, época em que a economia necessitava cada vez mais de recursos, a situação se agrava com a posição do Banco Mundial. Ao final do período Vargas, com a recuperação da economia europeia, é preciso assinalar o crescente interesse, por parte de alguns países, no investimento em áreas de desenvolvimento industrial como o Brasil. A recuperação econômica europeia em competição com a economia norte-americana contribuiu, portanto, para a política brasileira de atração de recursos externos. Não é por acaso que para a indústria automobilística, um dos polos mais dinâmicos do Plano de Metas, os investimentos tenham sido europeus.

No que toca ao relacionamento Brasil-Estados Unidos, dois acontecimentos específicos influenciaram o diálogo entre os países: a reeleição de Eisenhower em 1956, que mantinha como preocupação de destaque o combate ao comunismo, e as crescentes manifestações antiamericanas na América Latina, que levavam a uma reavaliação da política externa norte-americana. Mesmo que se considere a recessão da economia dos Estados Unidos entre 1957 e 1958, houve uma liberação de recursos para os programas de projetos sociais. Liberava-se recursos para projetos sociais, uma vez que não era possível desconsiderar as precárias condições do continente, numa aproximação entre os governos democráticos: Brasil, Argentina, Colômbia, Chile e Venezuela. Tal conjuntura favoreceu a criação de uma organização pan-americana, proposta por Juscelino. Para o nosso caso, examinou-se um Programa de Estabilização Monetária, em 1958, em razão da crise das exportações cafeeiras, cuja consequência seria a adoção de uma política econômica recessiva em confronto direto com o desenvolvimento do Plano de Metas. O rompimento com o FMI, órgão condutor da política recessiva, deu ao governo um grande saldo político, com ampla manifestação de apoio popular, transferindo para o futuro as tensões de um processo inflacionário e de uma dívida externa com vencimento de curto prazo.

Quando se avalia o governo Goulart, no que se refere às nossas relações externas, não se constata a falta de rumo da política econômica. O que melhor caracteriza o período é a vigência da Política Externa Independente, proposta por Jânio Quadros. Um de seus pressupostos é que os interesses nacionais deveriam ser o foco das preocupações e deveriam ser considerados a partir do estágio já alcançado pelo nosso desenvolvimento econômico. Com isso, pretendia-se ampliar o plano de ação e relegar a segundo plano a posição de "sócios do ocidente", como pretendia o formulador da operação Pan-Americana do período Kubitschek. Tal política segundo San Tiago Dantas, um de seus formuladores, definia-se por quatro tópicos fundamentais:

1) Contribuição à preservação da paz, através da política de coexistência e de apoio ao desarmamento geral e progressivo;
2) Reafirmação e fortalecimento dos princípios de não intervenção e autodeterminação dos povos;
3) Ampliação do mercado externo brasileiro, mediante o desarmamento tarifário da América Latina, e a intensificação das relações comerciais com todos os países, inclusive os socialistas;
4) Apoio à emancipação dos territórios não autônomos, seja qual for a forma jurídica utilizada para a sua sujeição à metrópole.

No cenário internacional, o governo adota as seguintes ações concretas: abster-se, ao lado de outros países, de propor a expulsão de Cuba da Organização dos Estados Americanos (OEA); reatar relações diplomáticas com a União Soviética; defender o ingresso da República Popular Chinesa na Assembleia das Nações Unidas; promover relações com a África.

É bom lembrar que nessa conjuntura posterior à Revolução Cubana, a resposta norte-americana para a América Latina foi o inócuo Programa da Aliança para o Progresso, elaborado pelo governo Kennedy, e aceito pelas forças políticas tradicionais do Brasil. Com efeito, a Política Externa Independente seria um contraponto à ação norte-americana. Internamente, a defesa dessa política aglutinou os setores nacionalistas, populares ou não, e provocou reação dos setores civis e militares descontentes com "os rumos socializantes" do governo.

Nestas circunstâncias, tornaram-se mais pesadas as relações Brasil-Estados Unidos. Efetivamente, antes mesmo das frustradas negociações em torno do Plano Trienal, a Emenda Hickenlooper se propunha a suspender qualquer ajuda aos países que desapropriassem bens americanos, sem a indenização imediata, adequada e efetiva; em 1962, era a resposta à desapropriação dos bens da Companhia Telefônica Nacional, subsidiária da International Telephone & Telegraph, pelo então governador do Rio Grande do Sul, Leonel Brizola. Em 1963, ao ser regulamentada a Lei de Remessa de Lucros, abre-se uma polêmica com os Estados Unidos. Não era para menos, uma vez que, entre 1947 e 1960, entraram em nosso país, 1814 milhões de dólares (empréstimos e investimentos), e saíram sob a forma de remessa de lucros e juros, 2459 milhões de dólares, deixando um saldo negativo de 645 milhões de dólares. Ao mesmo tempo em que encaminha a regulamentação da remessa de lucros, por meio de decreto, Goulart determina que sejam revistas todas as concessões governamentais na área da indústria de mineração.

Indústria e agricultura

O que melhor caracteriza o nosso desenvolvimento econômico entre 1945 e 1964 é a implantação de um sistema industrial, com a gradativa retração do setor primário exportador, onde predominava a produção cafeeira. Já na década de 1950, pode-se considerar a industrialização como meta norteadora da política econômica do governo, quando a expansão industrial atinge patamares importantes, cujas origens se localizam no início dos anos trinta.

Como notamos, antes e depois de 1950, a ação do Estado foi decisiva, por intermédio de medidas cambiais, financeiras e de investimentos. Avalia-se mesmo que o papel desempenhado pelo Estado na constituição de nosso capitalismo industrial é uma das particularidades do "padrão brasileiro de desenvolvimento". Há que se ter uma capacidade de previsão para que a dificuldade para importar não inviabilize o desenvolvimento industrial, ao mesmo tempo em que se assegure um certo dinamismo ao setor exportador, para garantir as importações seletivas necessárias. Deve-se implementar ações em vários níveis: desde medidas tributárias, como o aumento do imposto único sobre combustíveis e energia, sobre lucros extraordinários, sobre o imposto de renda; como medidas de infraestrutura com a criação, como vimos, das empresas públicas que, a partir de 1940, investem em setores de infraestrutura como os do ferro, aço, energia elétrica, combustível.

Além dessa ação estatal, desde o final da Guerra até 1954, a recuperação de nossas exportações cafeeiras favoreceu a continuidade da expansão industrial. Entre 1949 e 1954, o café chegou a responder por 57% de nossas exportações, tendo o seu preço internacional aumentado de 13 para 70 cents por libra. Protegia-se também a atividade industrial, por meio de uma política cambial favorável à importação de insumos básicos e bens de capital. Assim, quando se instalou a crise no setor cafeeiro, a partir de 1954, o país já havia conseguido uma complexa estrutura industrial, fundamental para a implantação do Plano de Metas. Entre 1955 e 1961, a produção industrial crescera 80%, com os índices mais elevados nas indústrias de aço (100%), indústria mecânica (125%), indústria elétrica e de comunicações (380%) e indústria de equipamentos de transportes (600%).

Entre 1930 e 1955 há um permanente processo de "substituição de importações". As dificuldades para importar favoreceram as condições de produção interna, diminuindo a dependência quantitativa de produtos industriais externos. Ao se produzirem alguns bens antes importados, o próprio processo de industrialização impôs a necessidade de importação de outros bens que, uma vez substituídos, ampliou e diversificou, gradativamente, a capacidade produtiva industrial. Costuma-se também caracterizar esse período (1930-55) como o de "industrialização restringida", dada a dependência da indústria ao setor exportador, gerador das divisas necessárias para as importações dos bens de produção, não tendo, por isso, o setor industrial, autonomia para a sua reprodução. Como afirma um estudioso, o setor industrial "não marcha sobre seus próprios pés", pela fragilidade da área de bens de produção. Entretanto, quando, a partir do Plano de Metas, instala-se de forma mais expressiva a indústria pesada, a fase de industrialização restringida é superada.

Considerando-se o conjunto das indústrias de transformação, entre o pós-guerra e o Plano de Metas, houve um razoável processo de substituição de produtos importados. Em alguns setores, como o de alimentos, bebidas, têxteis, vestuário, a substituição foi quase total; em outros, como o mecânico, metalúrgico, de menor intensidade. O quadro a seguir indica as modificações ocorridas nos diferentes ramos, evidenciando a crescente complexidade de nossa estrutura industrial:

Ramos da indústria de transformação	Porcentagem da importação sobre o total (produção total mais importação)		
	1949	1958	1961
Metalurgia	22,3	11,7	11,7
Mecânica	63,8	41,5	46,3
Material elétrico e de comunicações	44,8	13,3	16,9
Material de transporte	56,6	30,5	18,6
Química e farmacêutica	29,3	20,0	17,4
Transformação de minerais não metálicos	10,1	5,1	4,4
Papel e cartolina	9,6	5,3	7,2
Borracha	1,3	6,5	14,7
Madeira	1,0	1,0	0,7
Têxtil	0,2	0,6	0,6
Vestuário, calçado etc.	0,2	–	–
Produtos alimentícios	3,8	2,5	2,2
Bebidas	2,4	2,6	2,6
Fumo	0,4	–	
Editorial e gráfica	2,2	3,0	1,0
Mobiliário	0,3	–	
Couros e peles	3,0	0,7	
Total	15,6	11,3	9,7

Fonte: Maria Conceição Tavares, *Da substituição de importações ao capitalismo financeiro.*

Quando se examina a constituição de nosso sistema industrial com base na localização geográfica, observa-se a forte concentração no eixo São Paulo-Guanabara, tido como o "polo dinâmico do desenvolvimento econômico".

São condições históricas específicas que dão essa configuração. O "complexo cafeeiro" dos anos antecedentes a 1930 favoreceu o impulso industrial que se implantou na mesma área geográfica. Se, de um lado, contribuiu para a superação da crise dos anos trinta, de outro, foi responsável por desequilíbrios regionais de desenvolvimento. Se considerarmos que, na década de 1960, somente seis das vinte e seis unidades da federação, apresentavam índices de produção industrial superiores aos índices paulistas da década de vinte, pode-se avaliar o notável poder de persistência dessa polarização.

Mesmo que se valorize a crescente preocupação da política econômica governamental em promover um crescimento mais equitativo das regiões, persistiram os desequilíbrios regionais. Neste sentido, o resultado de medidas como a criação de programas especiais de desenvolvimento, como foi o caso da Superintendência do Desenvolvimento do Nordeste (SUDENE) em 1959 e a quebra de barreiras comerciais interestaduais para fa-

A indústria automobilística se desenvolveu enormemente no período JK. (Volkswagen, 1958)

vorecer maior integração entre regiões ficou aquém das expectativas. Logo, criou-se uma configuração conhecida: um centro dinâmico (Centro-Sul) e áreas periféricas (Norte, Nordeste e Centro-Oeste). Ainda que se considere esse equacionamento regional, não se deve menosprezar a existência de um comércio inter-regional, resultante do dinamismo industrial, especialmente com a implantação da indústria pesada a partir de 1956, e dos investimentos públicos em transportes. A partir de 1950, há uma maior integração rodoviária entre São Paulo-Curitiba-Porto Alegre-Belo Horizonte-Salvador; com o Plano de Metas, entre Bahia-Brasília, Brasília-Belém, São Paulo-Brasília. Entre 1955 e 1968, as vendas de produtos de São Paulo para o exterior aumentaram 58%; as de São Paulo para o resto do país 505%, e as suas importações do exterior cresceram 98% e, com as demais regiões do país, 176%.

Pela importância que tiveram no período e, em boa parte, resultantes do processo de industrialização, é preciso mencionar as migrações internas. São seus condicionantes essenciais: o processo de urbanização, o êxodo rural e a expansão da fronteira agropecuária produtora de alimentos, o aumento da população e as disparidades regionais. Até a década de 1940, 75% da população brasileira era classificada como rural. No final da década de 1960, 52% da população era urbana. Entre 1940 e 1970 essa população quadruplicou como consequência dos deslocamentos do campo para as cidades, das migrações periféricas para o Centro-Sul. O crescimento vegetativo da população passa de 52 para 70 milhões de habitantes entre 1950 e 1960. Como as taxas de crescimento da população são maiores do que as taxas de oferta de emprego, passa a existir nos grandes centros industriais um significativo contingente de desempregados e subempregados que comumente para lá se desloca em busca de sobrevivência.

Nas migrações regionais, distinguem-se dois fluxos de deslocamentos: o primeiro, do Nordeste-Leste para o Centro-Sul. No caso do Nordeste, é preciso chamar a atenção para a ocorrência das grandes secas de 1951, 1953 e 1958 que provocaram um enorme êxodo. Mesmo assim, em 1950, dos 4,3 milhões de habitantes que alimentaram o fluxo migratório, 1,1 milhão eram nordestinos e 1,3 milhão eram de mineiros. Entre 1940 e 1960 saíram 9.365.000 habitantes do Nordeste. O Centro-Sul recebeu 576 mil habitantes. O segundo fluxo de deslocamento, era de gente de diferentes regiões para o que se convencionou chamar de Frente-Pioneira (Maranhão, Mato Grosso, Goiás e Paraná). Nessa área o peso da população agrícola é significativo, comparado com a sua população total; 4,5 milhões para um total de 5,5 milhões, em 1950; 7,5 milhões para um total de 9,8 milhões, em 1960. A expansão urbano-industrial e agrícola de São Paulo, a expansão urbana da Guanabara, a expansão da fronteira agrícola do Paraná e do Centro-Oeste, esta última especialmente resultado da expansão da economia agrícola capitalista, são polos de atração para os desempregados, subempregados urbanos e rurais.

Como não poderia deixar de ser, São Paulo foi o maior receptor dos fluxos migratórios. Em 1950, 11,6% de sua população era resultante desses fluxos, perfazendo mais de um milhão de habitantes, dos quais 50% de Minas Gerais e 30% do Nordeste. Nessa época, por outro lado, saem de São Paulo meio milhão de habitantes, especialmente para a fronteira agrícola paranaense.

Quando se examina, no período, o setor agropecuário brasileiro na perspectiva do desenvolvimento econômico, é preciso estabelecer uma clara divisão: o setor agroexportador e o setor agropecuário para o abastecimento interno.

Ao avaliar o desempenho agroexportador, durante um período mais longo (1930-64), observa-se uma desaceleração do setor. Menor dinamismo, porém, não significa ausência de importância. Já notamos, para o caso do café, nosso principal produto de exportação durante todo o período, os efeitos positivos de seu bom desempenho no mercado internacional, entre 1946 e 1954, ao gerar divisas essenciais para a sustentação da capacidade de importar. Em contrapartida, as dificuldades encontradas a partir de 1955, com a violenta queda dos preços internacionais, resultou em sensível diminuição das áreas de cultivo, reduzindo divisas para importação e favorecendo ponderável entrada de capital estrangeiro para sustentar o nosso processo de industrialização, exigido pelo Plano de Metas.

Mede-se também a importância de nossa produção cafeeira com base no conjunto de medidas de política econômica do governo, no sentido de proteger o setor. De Dutra a João Goulart, nos bons e nos maus anos do café, o governo não descuidou do setor, não deixou de assisti-lo, até porque não era possível desconsiderar a pressão e mobilização dos produtores de café.

Quanto aos demais produtos de exportação: cacau, açúcar, algodão, fumo, há uma retração do mercado mundial a partir da década de 1950.

No que se refere ao setor agropecuário voltado para o abastecimento do mercado interno, deve-se salientar a relação de interdependência entre este setor e o industrial. Anote-se

No período 1930-1964, o setor agroexportador continuou muito importante na economia brasileira apesar das dificuldades enfrentadas a partir de 1955. (Produtos agrícolas embarcados para exportação)

também o seu desempenho num período de inflação, quase nunca controlada, ao dar respostas que não bloqueassem a lucratividade da produção e não provocassem a elevação dos preços aos consumidores. Para isso contribuiu, essencialmente, a disponibilidade de terras e de mão de obra. Assim, ocupam-se espaços vazios ou reocupam-se áreas, sem significativas alterações nas técnicas de produção, com a permanência de índices de baixa produtividade, compensados pelas referidas disponibilidades. Entre 1954 e 1964 a superfície cultivada aumenta em 56%. Agricultura e pecuária extensivas absorvem grande contingente de desempregados e subempregados, deixando inalterada a estrutura fundiária, com o predomínio da grande propriedade.

Considere-se que, ao ocupar a hinterlândia, cada vez mais distante dos centros urbanos consumidores, mais se acentuam as condições precárias dos meios de transporte, de armazenamento e de comercialização, com consequente aumento de preços dos gêneros alimentícios.

A expansão da fronteira agrícola se dá em três grandes áreas: Norte (Amazonas, Pará, Maranhão e Piauí); Sul (Paraná e Santa Catarina) e Centro-Oeste (Mato Grosso e Goiás). Nessas duas últimas áreas absorve-se especialmente, as migrações paulistas.

Considerando que, na década de 1950, as nossas principais culturas para o abastecimento interno – algodão, arroz, banana, batata, feijão, mandioca, milho e trigo – mantêm a mesma taxa de produtividade, de onde se conclui que o aumento da produção resulta da expansão da área cultivada. No caso da pecuária, há uma ampliação de pastagem extensiva que ocupa 57% das propriedades de mais de mil hectares.

Quando se enfatiza o caráter extensivo e o baixo nível técnico como características básicas da agropecuária, não se deve desconhecer um conjunto de medidas de políticas governamentais, objetivando o fornecimento de créditos e assistência técnica, favorecendo a importação de tratores, máquinas, ferramentas, fertilizantes e defensivos agrícolas, promovendo a melhoria da armazenagem e comercialização, e criando postos experimentais

As desigualdades regionais marcantes favorecem as migrações de nordestinos em busca de melhores oportunidades em outras regiões do país. (Retirante nordestino)

de técnica para a produção de sementes selecionadas. O Crédito Agrícola e Industrial do Banco do Brasil, criado em 1937, teve papel de destaque no período, ao realizar empréstimos aos agricultores com baixos juros e a longo prazo. O número de estabelecimentos que obtiveram crédito de custeio quadruplicou entre 1950 e 1960 e triplicou entre 1961 e 1965.

São políticas públicas que indicam as dificuldades de desenvolvimento do setor e algumas delas nem sempre postas em prática, como foi a da garantia de preços mínimos ao produtor. Alguns ganhos resultam dos investimentos em infraestrutura impostos pelo desenvolvimento industrial, caso dos transportes, no sentido de facilitar o escoamento das safras, da eletrificação rural etc. A tendência de longo prazo, a partir da industrialização pesada, com o Plano de Metas, seria a de uma agropecuária intensiva, absorvendo menor quantidade de mão de obra.

O caráter extensivo predominante no período se constitui também numa válvula de escape para as tensões urbanas e rurais que absorviam, com a expansão da fronteira agrícola, o contingente de desempregados em busca de sobrevivência. O desenvolvimento agropecuário para o abastecimento urbano-industrial acabou favorecendo uma maior integração entre as regiões, sem, entretanto, resolver os desequilíbrios regionais. Na busca de soluções para tais desequilíbrios, o governo estabelece políticas específicas, como a criação do Plano de Valorização Econômica da Amazônia, o Departamento Nacional de Obras Contra as Secas, a Comissão do Vale do São Francisco, a já mencionada Superintendência do Desenvolvimento do Nordeste (SUDENE), além da fixação de cotas regionais de produção, distribuídas entre os Estados. É o caso das cotas para a produção do açúcar, distribuídas entre São Paulo, Nordeste e Minas.

De todo modo, as desigualdades regionais são marcantes: o Nordeste, com 25% da população brasileira, gera 10% da renda nacional; o Sul-Sudeste, com 35% da população, produz 50% dessa renda.

No que se refere à pecuária, há um crescimento extensivo em terras menos valorizadas a partir da década de 1960, e destina-se ao consumo das camadas de média e alta rendas. Quanto aos produtos, para o consumo das camadas mais pobres, tais como arroz, feijão, milho, mandioca, há uma distribuição regional mais equilibrada. No entanto, para o conjunto da produção agropecuária, São Paulo se destaca na posição.

Apesar das características apontadas para o setor de produção agropecuária para o abastecimento interno, tais como agricultura intensiva, baixo padrão técnico, baixa produtividade, descontínuas políticas de investimento público, não se pode indicá-lo como um obstáculo ao desenvolvimento industrial no período entre 1945-1964. Propiciou-se um conveniente abastecimento aos setores urbanos em expansão, ao mesmo tempo que agiu como válvula de escape para as tensões sociais das cidades, ao abrir as áreas de fronteira para desempregados e subempregados urbanos.

Ao contrário de outros países, em que a reforma agrária foi um pré-requisito para a industrialização, o Brasil, como veremos, pôde sempre delegar para o futuro, até a crise dos anos sessenta, a questão da reforma agrária.

Sistema partidário – partidos políticos

Os Partidos Políticos, extintos com o Golpe de 1937, reorganizam-se na conjuntura de abertura democrática do pós-guerra e deverão constituir-se em uma das formas de representação do regime liberal, ao "coordenar as aspirações, formar lealdades ao sistema, disciplinar os protestos e rotinizar a substituição de lideranças", conforme pondera um estudioso. Criados como instrumentos para a democratização e constituindo-se, ao cumprir legislação específica, em partidos nacionais, trinta e uma agremiações pleiteiam os seus registros entre 1945 e 1948, o que mostra um surto organizatório expressivo. Muitos tiveram os seus registros cancelados, sendo o caso mais notório, como veremos, o do Partido Comunista Brasileiro, de tal maneira que em 1948, eram doze os reconhecidos, deixando de existir curiosas organizações como o "Partido Nacional Classista", "Partido Regenerador" etc. Em 1958, com o "Partido Trabalhista Renovador" (cisão do PTB), configura-se o número definitivo do sistema partidário.

Considerando o período como um todo e, com certas limitações, é possível distribuir os partidos em três grandes grupos, tendo como base as suas posições políticas:

- **Conservadores,** composto por duas grandes agremiações: o Partido Social Democrático (PSD) e a União Democrática Nacional (UDN); além dos menores e de caráter mais regional: o Republicano e o Libertador;
- **Progressistas,** o Partido Trabalhista Brasileiro (PTB), com maior destaque, e o Partido Social Progressista (PSP), de caráter mais regional;

• **Ideológicos,** composto por partidos menores como o Partido Comunista Brasileiro (PCB), Partido Democrata Cristão (PDC), Partido da Representação Popular (PRP), Partido Socialista Brasileiro (PSB); com a cassação do PCB, o bloco ficou ainda mais reduzido.

É preciso destacar o peso dos partidos conservadores, especialmente PSD e UDN que têm, em média, 62% dos representantes da Câmara Federal (81 % em 1945 e 53% em 1962). Há uma tendência de crescimento dos partidos reformistas e ideológicos: o PTB passa de 7,7% para 29,8%, entre 1945 e 1962. Destaque-se também o crescimento do PDC, com bases mais sólidas em São Paulo. Contribuíram para esse realinhamento e maior representatividade do sistema partidário, o crescimento do eleitorado urbano, especialmente nos grandes centros, a sua maior independência, o aumento do nível geral de educação, a maior socialização permitida pela vida da cidade, a sindicalização e a influência das lideranças e militantes comunistas no movimento sindical, o crescente movimento social popular, por melhores condições de vida, numa ordem capitalista em que conviviam desenvolvimento e miséria.

De todo modo, conforme indica o quadro abaixo, não era nada desprezível o peso das agremiações conservadoras, embora a tendência fosse de queda.

Composição Partidária da Câmara Federal (1945-1962)

PARTIDOS	1945	1950	1954	1958	1962
PSD	52,8	37,0	35,0	35,3	30,3
UDN	29,0(a)	24,4	22,7	21,5	23,4
PTB	7,7	16,8	17,2	20,2	29,8
PSP	(b)	7,9	9,8	7,7	5,4
PCB	4,9	—	—	—	—
Pequenos	5,6	13,9	15,4	15,3	16,2(c)
TOTAL	100,0 (286)	100,0 (303)	100,0 (326)	100,0 (326)	100,0 (389)

Fonte: Gláucio Soares e TSE, *Dados Estatísticos,* vols. I, II, IIIA, IV, VI
(a) Inclusive seis eleitos pela coligação UDN-PR.
(b) Dois eleitos pelo PSP são contados entre os pequenos.
(c) O PR acha-se em 1962 reduzido a 4 deputados por MG (no início do período tinha 19 representantes); o PDC é o maior dos pequenos, com 20 deputados, somente um a menos que o PSP.

O período também foi fértil em alianças e coligações partidárias, sempre que as situações de "incertezas eleitorais" se faziam presentes. No caso dos partidos conservadores, isso tende a ocorrer gradativamente. Como o melhor desempenho eleitoral é o foco essencial dos partidos, as alianças surgem como uma medida de racionalidade. Nas eleições parlamentares de 1950, 20,20% dos votos foram obtidos mediante alianças e coligações, passando a 48,3% em 1962.

Apesar das tendências de crescimento dos partidos ideológicos, de maior representatividade do sistema partidário, de um eleitorado urbano mais independente, de sintomas de avanços democráticos e características inovadoras do período, é preciso considerar a existência permanente da "política clientelística", comum aos partidos conservadores e mesmo reformistas.

Tal política apoia-se no Estado centralizado, por seu poder de intervenção, mas suficientemente ágil, como já notamos, porque melhor preparado técnica e administrativamente para distribuir os favores e as prebendas demandadas pelos "políticos de clientela". Com esse procedimento, busca-se uma troca de vantagens entre esses políticos e os indivíduos ou grupos sociais que lhes retribuam com o apoio eleitoral "o favor" recebido. Tal ação em nada contribui para que se consolide um sistema político mais democrático. Costumeiramente, se traduzem em concessões de empregos públicos para determinadas pessoas, ou realização de serviços públicos em benefício de certas áreas ou grupos. Nessa manifestação pobre, mas eficaz, a relação política não se orienta por questões de ordem geral, em que os benefícios não são meros "favores", mas sim resultantes de aplicação de princípios de políticas públicas.

Com isso, o Estado e especialmente as agências burocráticas do Poder Executivo, centralizadoras das decisões político-econômicas mais estratégicas, "subordinavam" os políticos de clientela e os seus partidos, levando a uma atrofia do Poder Legislativo, já que os principais partidos do período, conservadores e reformistas, usaram e abusaram dessa prática. O Poder Legislativo, que deveria se transformar no cenário ideal do debate de propostas partidárias, necessariamente moroso pelo conflito de ideias, fragilizava-se por duas razões: uma essencial, a prática cliente-lística; outra, provavelmente dela resultante, o precário aparato técnico e a carência de recursos para a elaboração e a execução de propostas.

O clientelismo apresentava-se mais comum nas regiões mais atrasadas, com o eleitorado "rural-urbano" das pequenas cidades que constituía um contingente nada desprezível de votos. Observe-se que nas eleições presidenciais de 1960, nas cidades de até dez mil habitantes, Jânio Quadros, candidato eleito, teve 47,3% do total de seus votos e Henrique Lott, 51,4%; ambos puderam contar com apoio de duas máquinas clientelísticas: a UDN e o PSD, respectivamente.

As estruturas e ritmos do Executivo centralizador e do Legislativo, necessariamente diferentes, e a corrosiva política clientelística acabaram por favorecer uma avaliação de que, durante o período, um Executivo "ágil, moderno e dinâmico" opunha-se a um Legislativo "conservador e atrasado". A verdade é que no Legislativo caminhava-se, embora com lentidão, para uma maior independência, com o crescimento dos partidos ideológicos.

Retomemos a classificação inicial dos partidos: conservadores, reformistas e ideológicos. No rol dos partidos que compõem esses blocos é preciso observar as cisões internas de cada agremiação, identificando realinhamentos ideológicos, com a formação de grupos, alas, além de frentes suprapartidárias, como a Frente Parlamentar Nacionalista e a Ação Democrática Parlamentar que, na década de 1960, se antagonizavam. A primeira articulava os partidos reformistas e de esquerda; a segunda, as forças conservadoras de UDN e PSD. É também o caso da Ala Moça do PSD, da Bossa Nova da UDN e do Grupo Compacto do PTB, movimentos de renovação dos partidos e que passam a discutir temas sempre postos de lado pelas lideranças tradicionais, tais como, a presença do capital estrangeiro, a reforma agrária, o voto do analfabeto.

PSD

Dos partidos conservadores, o Partido Social Democrático (PSD), cujo peso já se destacou, havia sido criado por Getúlio, como se dizia, com "a sua mão direita", através da atuação dos interventores do Estado Novo que desde 1944, sob a liderança de Benedito Valadares (interventor em Minas Gerais), articulava a agremiação. Ninguém melhor que os interventores nomeados por Vargas, donos do poder em cada Estado, com domínio sobre o Executivo de cada município, cujo chefe era de sua escolha, para a tarefa proposta pelo Ditador que, como notamos, preparava-se para a transição democrática. Tal origem acaba por impor um caráter fortemente federativo ao partido, concedendo-lhe grande facilidade em se organizar nacionalmente, tanto que, com o tempo, acabou tendo um diretório em cada município. Sendo assim, o PSD foi sempre majoritário na Câmara Federal, usava e abusava da convivência com o Poder Executivo, por meio da política de clientela, incentivando as fraudes eleitorais nas regiões mais atrasadas do país, sob o domínio dos grandes proprietários rurais, seu contingente mais importante, comandado com mão de ferro pelos ex-interventores ao alardearem aos quatro ventos que no partido toda reunião só seria convocada desde que as decisões já tivessem sido tomadas. Elege dois presidentes: Dutra (1945) e Juscelino Kubitschek (1955); contribui para a eleição de Getúlio, em 1950, ao não se empenhar na campanha

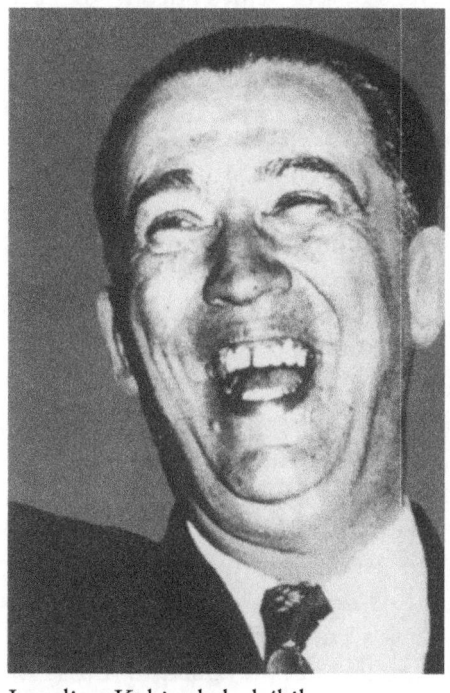

Juscelino Kubitschek, hábil em costurar alianças dentro de seu próprio partido (o PSD) e em aprofundar compromissos com o PTB, ligando-se a João Goulart, o herdeiro maior do *getulismo,* elegeu-se presidente da República com uma expressiva votação em 1955.

de seu próprio candidato, Cristiano Machado. Sempre um interlocutor de peso no jogo político, defendia com "unhas e dentes" as suas bases de sustentação, os proprietários rurais. Para garantir o essencial, dava e retirava apoios ao Executivo, aceitava ou não alianças e coligações. Na visão de suas lideranças mais expressivas, o partido foi sempre "a força conciliadora", especialmente nos momentos de "crise política". Alia-se com o PTB, entre 1945 e 1954, afasta-se de Getúlio na crise que resultou em seu suicídio, convive bem com o Plano de Metas de Juscelino, especialmente através de sua Ala Moça até que o governo retoma a aliança com as "raposas" pessedistas, como eram conhecidos os seus velhos líderes. Afasta-se gradativamente de Goulart, quando o presidente assume a defesa das Reformas de Base, entre elas a reforma agrária. Fiel às suas bases de sustentação, manobrou para que a reforma agrária e a extensão da legislação trabalhista ao campo não se efetivassem.

O PSD não escapou, contudo, à conjuntura de mudanças dos anos sessenta. Mesmo majoritário na Câmara Federal, passou do confortável índice de 44% do total dos deputados em 1945, para 18,5%, em 1962 e, internamente, teve que conter os descontentamentos de sua Ala Moça, para que "não serrassem o galho onde todos se sentavam", a grande propriedade agrária. Por isso também, na sua Reunião Nacional de 1962, aceita adotar critérios para a remessa de lucros dos capitais estrangeiros no país, bem como a reforma agrária, mas não nos termos propostos pelo Executivo, tidos como radicais.

Quando as forças conservadoras se articularam para o Golpe Militar de 1964, lá estava o PSD, já rompido com Goulart, confortavelmente representando suas tradicionais bases de sustentação: os grandes proprietários rurais. Ao seu lado e, com maior empenho, estava a UDN, cujos líderes constituíram-se na "liderança civil" do Golpe Militar.

UDN

Como o PSD, a UDN organiza-se na conjuntura de crise do Estado Novo, quando, a partir do Manifesto dos Mineiros, forma-se a ampla frente de oposição a Vargas. Resultado de uma agregação que tudo tinha de provisória e só sustentável na unidade contra "o inimigo comum", personalizado em Getúlio Vargas, lá estavam os representantes das velhas oligarquias destronadas do poder com a Revolução de trinta, ao lado dos tenentes, ex-aliados de Getúlio, como era o caso de Eduardo Gomes; membros da Aliança Liberal, uma das forças articuladoras do mencionado movimento revolucionário, marginalizados por Vargas e participantes do Estado Novo que, tendo apoiado o Golpe de Estado de 1937, viriam a abandonar o poder, como no caso de Ademar de Barros, interventor em São Paulo, até 1942. Era um contingente heterogêneo apresentando em comum o fato de terem acumulado ressentimentos para com Getúlio, por motivos não coincidentes. Mas estavam também ao lado dos liberais gaúchos e mineiros, das tendências mais radicais como a Esquerda Democrática, composta por intelectuais, lideranças estudantis socialistas e dissidentes comunistas (estes últimos descontentes com a aproximação do Partido Comunista com Vargas).

Com tal composição inicial, não causam tanta surpresa as primeiras reivindicações udenistas: autonomia e pluralismo sindical, direito de greve e participação dos trabalhadores nos lucros das empresas, instituição de "Conselhos de Gestão" nas fábricas, reforma agrária, ensino público e gratuito. Virtualmente, tal programa não prometia uma agremiação conservadora no que acabou por se tornar a UDN.

As suas manifestações de 1953, 1957 e 1963 indicam mudança radical de curso, com o abandono das questões sociais e adesão a uma política de denúncias moralistas, mais ao gosto das classes médias das grandes cidades, o estímulo ao capital estrangeiro, as críticas ao Estado Interventor e oposição à reforma agrária. Não por acaso compunham o seu contingente de apoio, além das classes médias referidas, profissionais liberais, representantes das velhas oligarquias latifundiárias e do empresariado nacional e estrangeiro, além da burguesia comercial. Reduzia-se a dimensão inicial da democracia. O povo, que já não estivera presente na primeira campanha do Brigadeiro, continua em plano secundário nessa agremiação de "notáveis", como se dizia.

Nas reiteradas derrotas da UDN, com destaque para as eleições presidenciais o povo continuava "errando" no voto, "sem preparo para votar", na visão elitista do partido. Não só nesse desprezo às classes populares, mas também no antigetulismo, anticomunismo e golpismo destacou-se a UDN. É possível constatar que o antigetulismo constituiu uma das "razões de viver" da agremiação. A segunda derrota para Vargas em 1950 desencadeia uma oposição pertinaz: denúncias de corrupção por parte dos liberais udenistas da Banda de Música; ataque à política econômica e financeira de Getúlio; oposição aos aumentos do salário mínimo, às reivindicações trabalhistas, às greves, ao controle do capital estrangeiro. Ao mesmo tempo, a UDN aproxima-se da Cruzada Democrática dos militares anticomunistas e, sob a liderança de Carlos Lacerda, é criado o Clube da Lanterna, composto por militares e civis radicalmente antigetulistas e anticomunistas. Por isso, na crise política que levou à deposição e suicídio de Vargas em 1954, a UDN esteve metida até as raízes dos cabelos.

A reação popular diante do desfecho trágico da crise transforma o desprezo da UDN às classes populares em temor às organizações e movimentos populares, e acentua o seu anticomunismo. Mais tarde, com a presidência de Goulart, herdeiro político de Vargas e defensor das Reformas de Base, a UDN ignora os arroubos reformistas dos políticos mais jovens da "Bossa Nova" e participa das articulações golpistas contra Jango. Com isso, faz jus à sua trajetória. Com a saída de Goulart em 1964, liquida o que ainda havia do Getulismo e de "ameaças comunistas" no governo. O fato de ter sido acompanhada pelo PSD nessa empreitada não causa surpresa.

PTB

Do outro lado, como partido do governo, está o PTB, obra "da mão esquerda de Vargas", como forma de favorecer a emergência da classe operária, o que não estava no rol de preocupações do liberalismo político de participação restrita da transição democrática. O PTB nasce a partir de articulações do Ministério do Trabalho e do movimento sindical, e também como resultado do "trabalhismo" de Vargas; um esforço sistemático de doutrinação ideológica iniciado bem antes, pela intensa propaganda nos programas de rádio, em publicações, cartazes, concursos, manifestações públicas, que pretendiam chegar ao "povo trabalhador", mas não só.

O PTB, criado em 1945, é fruto do *trabalhismo* de Vargas e de articulações entre o Ministério do Trabalho e o movimento sindical. (Homenagem do PTB a Vargas)

O trabalhismo terá presença crescente no processo de urbanização e industrialização, em que "as massas urbanas", "as classes populares urbanas", "os trabalhadores do Brasil" passam a contar no jogo político. Entre os anos de 1940 e 1960, os índices anuais de crescimento da população foram de 3,8%, na primeira década, e de 5,3%, ao passo que, na segunda, os índices anuais de emprego urbano foram de 3,3%, na primeira e 4,2%, na segunda.

Ao lançar o seu programa, na crise do Estado Novo, o PTB defende os direitos trabalhistas (garantia de emprego, direito de greve, previdência social); políticas públicas voltadas para o lazer, a saúde, a educação; proteção à infância e à maternidade; extensão da legislação trabalhista ao campo; a planificação econômica e a intervenção do Estado para garantir o desenvolvimento e a melhor distribuição de renda; e o incentivo à "solidariedade entre todos os cidadãos", para se atingir a "paz social", conforme depoimento esclarecedor de seu líder, Getúlio Vargas, de 1946: "A evolução política do Brasil se deve processar em ordem, com respeito e disciplina às autoridades. Os trabalhadores não precisam nem precisarão recorrer a greves, porque a bancada trabalhista, na Câmara e no Senado, defenderá intransigentemente as fórmulas mais práticas para a solução dos problemas".

Recorrer ao partido articulado com o Estado, através do Ministério do Trabalho e dos Institutos de Previdência Social, e com lastro no movimento sindical (nos sindicatos, federações e confederações); considerar as forças trabalhadoras e impedir os conflitos; conviver com a mobilização dos trabalhadores; estabelecer com eles uma relação paternalista e de tutela exercida por Getúlio e o seu partido eram também as formas de ampliar bases de sustentação de uma política nacionalista, que teria no PTB uma ponta de lança para a mobilização da classe trabalhadora. Destaque-se a mobilização popular em torno da campanha "O Petróleo é Nosso", por ocasião da criação da Petrobrás. Falar em nome dos trabalhadores, ser trabalhista dava crescente prestígio, como se nota por meio da organização dos vários partidos no período: Partido Trabalhista Nacional (1945-1969), Partido de Orientação Trabalhista (1947-1961), Partido Rural Trabalhista (1958-1965). De todo modo, era do PTB a liderança. O seu desempenho eleitoral demonstra: de 22 deputados federais em 1945, chega a 116 em 1962. Nesse mesmo ano, está organizado com maior número de diretorias regionais e municipais do que qualquer outro partido, e lidera a preferência eleitoral nas cinco maiores capitais brasileiras, com uma taxa de 29%, ao passo que a UDN e o PSD chegavam a 14% e 7%, respectivamente.

Antes mesmo do suicídio de Vargas, Goulart – que acabou sendo o "herdeiro de seu halo de popularidade" e, por consequência, alvo principal do antigetulismo – assume o Ministério do Trabalho e, gradativamente, a liderança trabalhista. Pragmático como Vargas, mas influenciado pelas doutrinas do político Alberto Pasqualini, que criticavam os aspectos desumanos do capitalismo e enfatizava que a distribuição de renda, mais do que a de riquezas, asseguraria a "justiça social", Goulart amplia as suas bases de sustentação no partido e no movimento sindical. Como Ministro do Trabalho propôs o aumento de 100% ao salário mínimo, reformas na Previdência Social o que lhe ampliava as bases de sustentação popular e provocava reações das forças mais conservadoras. Como Vice-Presidente da República o seu "pragmatismo reformista", ao mesmo tempo que demonstra preocupação com o bem-estar do trabalhador, adota uma política de "conceder para conter", diante das crescentes reivindicações sindicais.

Não só no antigetulismo das forças mais tradicionais estavam os problemas do PTB. A partir de 1958, surge o Grupo Compacto (os reformistas), que se contrapõe "à orientação sindical conservadora" do partido; logo, à liderança de Goulart. Composto pela Ala Moça do Partido, militantes e, especialmente, parlamentares, o Grupo quer, conforme depõe um representante seu, "levar adiante aquilo que era o programa do partido (...) um compromisso real com as transformações sociais, com as reformas que nós chamávamos de base: as reformas estruturais, a reforma agrária, a reforma urbana, a bancária, a tributária e a universitária (...) a limitação do capital estrangeiro". Tais reivindicações ultrapassam, em demasia, questões meramente "trabalhistas". Pretendia mais esse grupo de oposição: ampliar o seu poder por intermédio das Frentes Parlamentares. Na medida em que as posições reformistas avançam, o PTB aproxima-se das esquerdas e afasta-se, definitivamente, de seu tradicional aliado, o PSD. Em relação à UDN, sempre fez oposição tenaz.

Nesse percurso, o PTB, representante do trabalhismo, não pôde desconsiderar uma outra agremiação que pretendia organizar o proletariado para as transformações sociais: o Partido Comunista Brasileiro. A relação entre elas será marca da por disputas, distanciamentos e aproximações, conforme a conjuntura.

PCB

O Partido Comunista Brasileiro (PCB) volta à legalidade durante o processo de crise do Estado Novo, na conjuntura de redemocratização, depois de um longo período de ação clandestina. Trata-se, apesar dos curtos períodos de vida legal, do principal partido das esquerdas no nosso período. Um partido basicamente urbano, apesar de várias tentativas de penetração entre o campesinato e o proletariado rural, sob forte domínio dos grandes proprietários rurais. Quando se considera a organização e a atuação política do partido, o que mais o caracteriza é a sua instabilidade. Posto na legalidade em 1945, demonstra "grande poder de mobilização" dentro de uma conjuntura em que enfatiza uma política de "união nacional com as forças democráticas e patrióticas" e o "uso de meios pacíficos para a solução dos problemas nacionais". Considere-se também relevante na conjuntura a política de convivência pacífica entre a Rússia, os Estados Unidos e a Inglaterra, articulados na luta contra o totalitarismo fascista. Concorrendo às eleições presidenciais de 1945, o Partido Comunista tem surpreendentes resultados: elege 14 parlamentares e um senador (seu líder Luís Carlos Prestes), e obtém 600 mil votos para Yedo Fiuza, seu candidato à Presidência da República. Atinge em 1946, o total de 200 mil militantes, o maior contingente de todos na sua história, até o golpe de 1964. No imediato pós-guerra, e até a sua cassação, em 1947, tem ação destacada na organização do movimento sindical e nas greves operárias. Posto na ilegalidade pelo presidente Dutra – o que define os limites de tolerância de nossa democracia liberal para com os comunistas – sofre dura repressão. São fechados quase 150 sindicatos sob a sua influência, são cassados todos os seus parlamentares, ao perder a legalidade por descumprir a legislação eleitoral que não reconhecia um partido com filiação internacional. Esse foi o argumento de ocasião para responder às pressões norte-americanas, diante do novo quadro de relações entre União Soviética e Estados Unidos imposto pela Guerra Fria, o que também levou Dutra a romper relações diplomáticas com a União Soviética. Na ilegalidade, o partido sofre grande refluxo e diminui para 20 mil (10% da fase anterior) o seu número de militantes. Passa a combater o governo Dutra, tido como uma "ditadura feudal-burguesa a serviço do imperialismo", e radicaliza as suas posições no seu Manifesto de Agosto.

O Manifesto é uma radical mudança de orientação: defendia um governo democrático-popular em que seriam confiscados e nacionalizados todos os bancos, empresas, indústrias de serviços públicos, de transportes, de energia elétrica, minas, plantações, pertencentes ao imperialismo e latifúndio, sem indenização, com a entrega da terra aos camponeses; medidas relativas à melhoria das condições de vida da população: salário, educação, saúde. Propunha, com isso, a "imediata libertação do jugo imperialista" e o "desenvolvimento independente da economia nacional". Isola-se do movimento sindical oficial, declara frontal oposição a Vargas, eleito em 1950, propondo a derrubada "do governo de latifundiários e grandes capitalistas e a sua substituição por um governo democrático e de libertação nacional". O duro isolamento da clandestinidade, o distanciamento do movimento sindical, agora nas mãos do PTB, leva o partido a uma reavaliação de sua política: aproxima-se então do sindicalismo oficial, intensifica a luta pela sindicalização e participação nos movimentos de reivindicações dos trabalhadores.

Com a deposição e o suicídio de Vargas, conforme depoimento de um notório líder comunista "o partido é obrigado a operar um giro de 180 graus". A luta agora é por um governo "nacionalista e democrático" a ser conquistado por vias pacíficas. Aproximam-se PCB e PTB em apoio ao governo de Juscelino. A partir de 1957, o caminho pacífico para a revolução brasileira e a articulação de uma Frente Única (camponeses, operários, pequena burguesia urbana, capitalistas nacionais) contra o imperialismo americano definem a linha de ação do Partido. Apoia a chapa Lott-Jango para a presidência da República e, com a renúncia de Jânio, passa a apoiar, juntamente com o PTB, o governo Goulart, na defesa das Reformas de Base.

Durante o período de 1945-1964, apesar de curtíssimo tempo de legalidade e outro, entre 1956 e 1964, com maior liberdade de ação mesmo na ilegalidade, o PCB foi uma força decisiva para a defesa e o maior enraizamento da democracia no Brasil, com grande presença no movimento operário e sindical. Alternando suas posições entre revolução e reforma, acaba agindo muito mais em virtude desta do que daquela. Mesmo assim, contou sempre com a desconfiança e oposição permanentes das forças conservadoras, que não viam na sua política de caráter nacionalista senão um engodo de um representante do "marxismo" e do "internacionalismo proletário", liderado pela União Soviética.

Mesmo que se considerem as várias mudanças nas linhas políticas durante o período, que dão lugar a crises e cisões internas, é permanente a luta dos comunistas contra o capital estrangeiro e o latifúndio "semifeudal".

Movimento operário: sindicalismo e greves

Em 1943, toda a matéria relativa à organização sindical e à legislação social que, desde a década de 1930 tinha se constituído na política trabalhista de Vargas, é sistematizada e ordenada em um único documento que permanece praticamente inalterado durante todo o nosso período – a Consolidação das Leis do Trabalho (CLT). Preocupado com as pressões liberais contra a ordem autoritária do Estado Novo, Vargas amplia as suas bases de sustentação por meio de uma política trabalhista. De um lado, movimenta-se desde o início dos anos quarenta para a organização de um partido, gênese do PTB, finalmente criado em 1945, como já afirmamos. De outro lado, outorga a estrutura que organiza e tutela o movimento sindical, ação facilitada pelo desmantelamento do movimento operário mais radical e, por isso mesmo, pela menor resistência das classes empresariais que não viam com bons olhos a mediação do Estado nos conflitos sociais, e muito menos a jornada de oito horas, as férias remuneradas, o salário mínimo.

Doação benevolente do chefe do Estado, as leis sociais não deveriam provocar sobressaltos; a proposta era de cooperação entre as classes, como garantia para o desenvolvimento.

A CLT, síntese de toda a política trabalhista de Vargas, pode ser, sumariamente, exposta em três partes: a primeira refere-se à "tutela do trabalho" relativa aos direitos e deveres dos trabalhadores e patrões, e incorpora todas as vantagens até então propostas: direito de férias e segurança no trabalho, proteção ao trabalho da mulher e do menor etc.; a segunda trata da justiça do trabalho, cabendo ao Estado julgar as disputas entre empregados e empregadores; finalmente a terceira, voltada à organização dos sindicatos de patrões e empregados. No que diz respeito aos diferentes ramos e setores econômicos, foram estabelecidos oito grandes setores de atividades: comércio, indústria, transportes marítimos, fluviais, aéreos e terrestres, comunicação e publicidade, crédito, educação e cultura, profissões liberais. Para cada um deles, haveria uma confederação de empregadores e outra de empregados. A matriz do sindicato era a associação profissional. Cada três associações registradas e que obedecessem aos princípios da identidade, similaridade ou conexidade das categorias profissionais poderiam constituir um sindicato. Os sindicatos de uma mesma categoria profissional, em número não inferior a cinco, poderiam constituir uma Federação.

Três federações, de âmbito estadual, poderiam propor a Confederação, de âmbito nacional. A Confederação acaba por corresponder a um dos grandes setores já indicados, como por exemplo, a Confederação dos Trabalhadores na Indústria.

Tanto os sindicatos, de abrangência municipal, como as federações e confederação não poderiam se organizar em Centrais Sindicais com a participação dos diferentes setores. Cada categoria profissional restringia a sua ação aos seus sindicatos, federações e confederação. Em cada localidade, também não era possível a existência de mais de um sindicato da mesma categoria. Logo, unicidade sindical e organização vertical dos sindicatos eram dois pressupostos essenciais dessa estrutura.

Ao Ministério do Trabalho caberia autorizar a "carta de reconhecimento" do sindicato, assim como propor a sua suspensão, além de estabelecer as normas de seu funcionamento. Essencial para a sobrevivência financeira do sindicato, o imposto sindical, instituído em 1940, resulta da contribuição compulsória anual, equivalente ao salário de um dia de trabalho, aplicada a todo trabalhador, sindicalizado ou não. Assim sendo, apesar de todos os empregados contribuírem com o imposto sindical, só os sindicalizados poderiam colher os seus benefícios. A unicidade sindical, a organização vertical, o imposto sindical e o vínculo ao Ministério do Trabalho eram quatro amarras essenciais que impediam a autonomia e a liberdade sindical.

Se no que se refere ao imposto sindical, durante todo o período, houve uma conveniente acomodação entre diversas concepções do movimento sindical, o mesmo não ocorre no que concerne à unicidade sindical, à organização vertical e ao nível de dependência do Ministério do Trabalho. O primeiro movimento de ruptura é de 1945, quando os operários pedem "liberdade e autonomia sindical", "direito de greve", "eleições livres em suas entidades", fortalecidos desde o ano anterior, pelos movimentos grevistas por melhores salários e condições de trabalho. Posto na legalidade, o PCB organiza em 1945, o Movimento de Unificação dos Trabalhadores (MUT), a primeira organização intersindical de cúpula que reivindicava, no seu manifesto, liberdade sindical, autonomia da tutela do Ministério do Trabalho, sindicalização e aplicação da CLT aos trabalhadores do campo. Não se constitui num mero acaso o fato de a CLT ter excluído os trabalhadores rurais. Vargas procurava, com isso, não provocar reações descontentes dos grandes proprietários rurais que lhe davam sustentação.

Valendo-se da ação do MUT, surgem uniões sindicais nos municípios e nos Estados, que não obedecem à estrutura oficial dos sindicatos. O Congresso Sindical dos Trabalhadores do Brasil, em 1946, proposto pelo Ministério do Trabalho para o controle político do movimento sindical, acabou dando origem à Confederação Geral dos Trabalhadores do Brasil, em que petebistas e comunistas reiteram os temas propostos pelo MUT, no contexto autoritário do Governo Dutra e da Guerra Fria. Essa primeira ação contestatória fica inviabilizada pelo fechamento da citada Confederação, pela cassação do PCB em 1947, e pela intervenção em 143 sindicatos sob a influência dos comunistas, dos 944 existentes.

A origem mais comum dessas organizações de cúpula são os movimentos grevistas mais complexos que, para a sua condução, exigem formas alternativas de organização, como por exemplo, as "comissões de fábrica". Assim, a greve dos trezentos mil, ocorrida na cidade de São Paulo em 1953, envolvendo várias categorias profissionais (metalúrgicos, vidreiros, têxteis, gráficos), deu origem ao Pacto de Unidade Intersindical (PUI), que passou a ter ação própria, com o encerramento do movimento paredista. Sem desconsiderar a importância do Conselho Sindical dos Trabalhadores do Estado de São Paulo e da Comissão Permanente de Organização Sindical do Rio de Janeiro, ambas de 1958, sob a liderança de comunistas e trabalhistas, além do Pacto de Unidade Sindical (PUI) de 1960, cuja origem foi a greve dos ferroviários, marítimos e doqueiros, é preciso destacar o Comando Geral dos Trabalhadores (CGT) de 1962. Como os demais este provém de um movimento grevista, mas, diferentemente dos outros, os seus motivos são eminentemente políticos: tratou-se de uma greve geral por um gabinete nacionalista e pelas Reformas de Base, quando da formação do segundo gabinete parlamentarista do governo Goulart. Com o fim da greve, e como decisão do IV Encontro Nacional dos Trabalhadores, constituiu-se o CGT que reunia os sindicatos mais ativos, sob a influência dos comunistas e nacionalistas reformistas, nos setores ferroviário, marítimo, portuário, aeroviário e fabril. A "Greve do Plebiscito", também liderada pelo CGT, reivindicava a realização de um plebiscito nacional para decidir a continuação ou não do sistema parlamentar. O Plebiscito, realizado em janeiro de 1963, devolveu o presidencialismo a Goulart. Os sindicatos ligados ao CGT não descuidavam das reivindicações econômicas, embora dessem maior ênfase àquelas que promovessem a reforma geral da sociedade. Nesse sentido, pressionam muito mais o sistema político do que o poder dos patrões no interior das empresas. Ao demandar as liberdades democráticas (ampliação do direito de greve), as Reformas de Base, além da regulamentação da remessa de lucros ao estrangeiro, o CGT aumenta o seu prestígio e aproxima-se de Goulart, estabelecendo-se uma mútua dependência. Tal proximidade provoca ainda mais as hostilidades das classes empresariais urbanas e rurais e das Forças Armadas, preocupadas com a influência dos trabalhistas radicais e dos comunistas nos rumos do governo Jango.

É preciso avaliar a capacidade de mobilização dessas lideranças radicais junto às bases sindicais, junto aos trabalhadores, sindicalizados ou não, para essas questões mais gerais. Considere-se que entre 1961 e 1963 os maiores movimentos grevistas obtêm sucesso, tendo em vista que aliam às demandas mais gerais, reivindicações de aumento salarial, num período de inflação galopante. Indique-se também o baixo índice de organização sindical junto aos assalariados, além do peso relativo do operário industrial, com maior poder de mobilização. Entre 1950 e 1960, apesar do crescimento industrial, como consequência da renovação tecnológica, a parcela da população ativa empregada nas indústrias caíra respectivamente, de 13,1 % para 12,7%.

Metalúrgicos em greve manifestam-se exigindo aumento salarial. (Rio de Janeiro, 1957)

As reivindicações mais gerais, que pretendiam a reforma social, têm menor poder de mobilização pela fragilidade do CGT junto às bases operárias e os limites do sindicalismo. Isto também ajuda a compreender a "passividade" do movimento operário diante do Golpe Militar de 1964.

De todo modo, as "organizações paralelas", "de cúpula", do MUT ao CGT representaram, quando se considera primordialmente o movimento sindical urbano, os limites máximos de ruptura com o sindicalismo oficial da CLT, que persistiu durante o período. Favoreceram essa persistência a aceitação do trabalhador urbano, boa parte de origem rural, dos "benefícios trabalhistas", da assistência das leis sociais, homeopáticas e recomendadas pelo seu líder maior, Getúlio Vargas, "o pai dos pobres", que insistia na convivência pacífica entre o trabalho e o capital. Favorecia também esse sindicalismo a aceitação da legislação trabalhista por parte dos patrões, que apostavam na garantia do efeito controlador nas relações de trabalho pautadas por um sindicalismo tutelado. Se por um lado, a legislação limita a atuação da camada patronal em relação aos empregados, por outro, subordina esses últimos às leis trabalhistas e à estrutura sindical.

Nessa dinâmica de continuidade e ruptura, ao lado das organizações sindicais de cúpula, é importante destacar outros elementos que favoreciam as mudanças. Um deles, a consciência crescente do trabalhador urbano, mesmo o de origem rural, de suas precárias condições de vida, num período que se caracterizou por inflação, baixos salários e desemprego. Entre 1955 e 1959, período marcado pelo Plano de Metas, enquanto o lucro bruto da produção industrial crescia 76%, e a produtividade do operário aumentava 37%, o salário real aumentara 18% entre 1955 e 1958, vindo a cair 6,7% em 1959. Deste modo, as greves operárias foram o terceiro elemento detonador de ruptura.

Com a redemocratização há um crescente movimento em dois sentidos: aumento da sindicalização e das greves. Entre 1945 e 1947 existem 944 sindicatos de empregados, passando de 475 para 798 mil sindicalizados, ao mesmo tempo em que em 1946, ocorrem sessenta movimentos grevistas, ocasião em que, num único dia, 100 mil operários paralisaram o trabalho, em São Paulo. Já no início dos anos cinquenta, em razão da política repressiva de Dutra, o movimento havia perdido o vigor inicial. A maior expansão inicia-se em 1952, chegando ao pico em 1963, com um milhão e quinhentos mil sindicalizados, sendo 560 mil só em São Paulo. O número de sindicatos passa de 1254 para 1883, entre 1954 e 1963; o de Confederações de 3 para 6, no mesmo período.

Concentrado no eixo Rio-São Paulo – polo mais dinâmico do desenvolvimento industrial (em 1952, São Paulo somava 28% dos 807 mil operários sindicalizados, sendo somente do sindicato de metalúrgicos 71 mil associados) –, o movimento se expande para outros Estados: Minas, Rio Grande do Sul, Bahia e Pernambuco. Considerando-se o país como um todo, a maioria dos sindicatos não chegava, cada um, a mais de mil associados. Nesse período de expansão (1952-63), 30% dos operários associavam-se a sindicatos.

É preciso chamar a atenção para as greves, como sintoma de rupturas que se manifestavam através do movimento sindical oficial e das cúpulas sindicais de maneira espontânea, com reivindicações por melhores condições de salário e trabalho, e por transformações sociais.

As greves espontâneas, num mesmo setor, numa mesma empresa, são mais comuns no início do período. Das 33 greves ocorridas em São Paulo em 1946, 12 delas, nos setores metalúrgico, de calçados, de papel e ferroviário, ocorreram sem interferência dos sindicatos. Nesse período de nossa República Liberal, as greves por aumentos salariais, salários atrasados e descumprimento de acordos entre patrões e empregados têm absoluto predomínio; o que não é surpreendente numa conjuntura de permanente inflação e desemprego.

Entre 1945 e 1947, ao mesmo tempo em que há uma intensa filiação sindical, surge também um surto grevista. Só nos dois primeiros meses de 1946, ocorreram sessenta greves. A partir da década de 1950, há um crescente movimento paredista. Em 1951, ocorreram 173 greves com a participação de 364 mil trabalhadores envolvendo 548 empresas; ao passo que em 1952, 264 greves foram deflagradas, envolvendo 411 mil operários, em 922 empresas. Em 1953 é preciso destacar a greve dos 300 mil, realizada em São Paulo, Sorocaba, Taubaté, Santos, São Caetano, Santo André, Ribeirão Preto, e abrangendo operários da indústria têxtil, metalúrgica, vidreira, gráfica, construção civil; mobilização esta que deu origem ao Pacto de Unidade Intersindical (PUI).

No final da década de 1950, há um deslocamento regional do movimento, especialmente para Minas Gerais, Pernambuco, Rio Grande do Sul e Bahia. As greves no setor privado que em 1958, representavam 80% do total do movimento, chegam a 42% em 1962. Nesse mesmo tempo, aumentam as manifestações no setor público, que contava com a benevolência do governo no atendimento de suas reivindicações.

O surto de greves, entre 1960 e 1964, marcado por 435 greves, contra 177 no período 1958-1960, tem uma dupla natureza. O sensível declínio do salário real mobiliza, por exemplo, ferroviários, portuários, marítimos, que pretendiam paridade salarial com os militares; assim também a greve dos pilotos, dos estivadores e dos bancários; a greve do setor industrial de São Paulo, com 700 mil trabalhadores, mobilizados com o objetivo de impor o contrato coletivo de trabalho, evitando-se a negociação separada por setores. É também o período das greves políticas, em que se destacam as mobilizações do setor de transportes do Rio e de São Paulo, para garantir a posse de Goulart, na crise de 1961; o gabinete nacionalista e o plebiscito, em 1962, e o aumento em 100% do salário mínimo. Chamadas por muitos de "Quarto Poder" e, por Jango, de "V Exército", essas mobilizações, sob a liderança das esquerdas, fortaleciam a luta pelas Reformas de Base, ampliavam as bases de sustentação do governo nos diversos setores, mas não mobilizavam as "massas operárias" com a intensidade pretendida por suas lideranças e alardeada pelas forças conservadoras.

Quanto ao desenvolvimento do setor primário do período, observamos que as atividades ligadas à terra empregavam em 1950, 60,7% da mão de obra ativa do país e, em 1960, 54% dessa mão de obra. Equivalendo dizer, um contingente nada desprezível de assalariados agrícolas, arrendatários foreiros, parceiros, moradores – não contemplados pela CLT, excluídos da legislação trabalhista e sindical, apesar de suas precaríssimas condições de existência e de trabalho –, alimentava o êxodo rural e favorecia, desde que houvesse um mínimo de organização, o seu movimento reivindicatório.

Na elaboração da CLT, Vargas deixa de lado o trabalhador rural; hábil medida, para evitar as tensões entre o governo e a grande propriedade. Entretanto, por ocasião de sua campanha presidencial, Vargas passa a reconsiderar a questão agrária. E, como veremos, em duas ocasiões (1951 e 1954), encaminha propostas para retificar a não aplicação da CLT ao trabalhador rural, medida esta realizada sem muito empenho, pois tais propostas seriam examinadas por um Congresso Conservador. Ainda, do segundo Governo Vargas (1950-54), é preciso destacar a ação de Goulart no Ministério do Trabalho, incentivando a sindicalização rural, mesmo porque o PTB buscava aumentar a sua influência no campo. Nesse contexto, por força das pressões advindas da Confederação Rural Brasileira, que

No início dos anos 60, setores populares participam ativamente dos debates sobre os problemas do desenvolvimento econômico brasileiro e as reformas necessárias para superá-los. (Manifestação a favor de reformas, Recife, 1962)

representava os grandes proprietários rurais, Goulart acabou sendo demitido do cargo. Inicia-se então, o antagonismo entre os grandes proprietários rurais e Goulart, que só irá crescer com o tempo. Com Juscelino, proposta semelhante à de Vargas é derrotada no Congresso, que expressa, por um de seus representantes, a sua opinião majoritária:

> "é preciso que as classes ligadas à lavoura entrem em ação para impedir que a loucura seja perpetrada. Do operário nacional, o mais atrasado, o que mais confortavelmente vive é exatamente o

que trabalha nos campos (...). Esses homens precisam de atenção e receber melhor tratamento. Daí não segue, porém que se deva outorgar estabilidade ao carroceiro, ao tirador de leite, ao colono, ao campeiro, ao camarada...".

Durante a campanha para a criação da SUDENE, em 1958-1959, o tema da aplicação da CLT ao trabalhador rural volta a ser debatido, em boa medida, para se contrapor às Ligas Camponesas (movimento de trabalhadores rurais, que ganha força a partir de 1955, liderado por Francisco Julião). No curtíssimo período de governo de Jânio Quadros (janeiro-agosto 1961), cumprindo promessa de campanha, o presidente encaminha ao Congresso a proposta de extensão da legislação trabalhista:

> "precisamos ampliar o campo de aplicação da legislação de trabalho (...) para beneficiar o maior número de trabalhadores brasileiros. Não podemos postergar a proteção dos direitos desses trabalhadores, nem pretender uma verdadeira sociedade nacional se mais da metade da população não dispõe dos instrumentos de sindicalização".

Ao mesmo tempo, o governo cria um grupo de trabalho para elaborar o Estatuto da Terra.

Goulart ao assumir o governo em 1961, numa conjuntura de crise econômica e de crescente mobilização popular, compromete-se com a defesa das Reformas de Base, entre elas a reforma agrária, o mais agudo polo de tensão entre o governo, os reformistas, os comunistas de um lado, e os grandes proprietários rurais, de outro.

No que se refere às questões dos direitos trabalhistas e do sindicalismo rural, Goulart encontra a resistência do Congresso, majoritariamente conservador, apesar dos esforços do PTB e da Frente Parlamentar Nacionalista, forças minoritárias. Alia-se então à União dos Lavradores e Trabalhadores do Brasil (ULTAB), fundada em 1954, sob a liderança dos comunistas, e age no sentido de favorecer a sindicalização rural. Em 1961, tal aliança resultou no aparecimento de 230 associações municipais e 15 federações. Preocupava-se o Executivo com a ação cada vez mais radical das Ligas Camponesas. No mesmo sentido, e com as mesmas preocupações, a Igreja Católica também se mobiliza por intermédio da Ação Popular (AP) em contraposição à sua ala conservadora.

Desde 1950, a Igreja inquietava-se com as péssimas condições de vida do trabalhador rural, alvo fácil das "exóticas lideranças urbanas". Logo, o objetivo era o de preparar líderes rurais para que implantassem a legislação social da cidade no campo. "Antecipamo-nos à Revolução – conosco, sem nós, ou contra nós se fará a Reforma Social". Utilizava-se do velho mote de que é preciso fazer a "revolução antes que o povo a faça", e expunha, ainda, posição reiterada e não resolvida durante todo o período: "uma enorme massa de trabalhadores sem terras e enormes áreas de terras sem trabalhadores, eis o quadro terrível que está a desafiar os esforços dos sociólogos, dos legisladores, dos órgãos técnicos governamentais e dos apóstolos cristãos". Preocupados com a situação do trabalhador rural, "sempre um explosivo" e agora "inadiável problema social", setores da Igreja se envolvem com a sindicalização rural em contraposição às Ligas Camponesas.

Os trabalhadores agrícolas, apesar de suas precaríssimas condições de existência e trabalho, estavam excluídos da legislação trabalhista e sindical.

Essa frente pela sindicalização rural culmina com a Confederação dos Trabalhadores da Agricultura (CONTAG), em dezembro de 1963, onde se encontram 27 das 42 federações existentes, e 800 dos 1200 sindicatos já instalados ou em processo de constituição.

Na ocasião, não era esse o problema mais relevante para o trabalhador rural, mesmo que as soluções ainda fossem precárias a esse respeito. A relevância maior estava no polêmico debate sobre a reforma agrária.

Manifestações culturais

Durante a República Liberal, em particular na segunda metade dos anos cinquenta, destaca-se a grande efervescência e criatividade do conjunto das atividades culturais. Para a maioria dos analistas, vivia-se um momento especial de nossa história, com esperanças e transformações, em que o adjetivo *novo* estava na ordem do dia: "cinema novo", "novo teatro", "bossa nova", "nova arquitetura".

Tal efervescência nutria a discussão de temas polêmicos: cultura letrada em contraposição à civilização da imagem; cultura como mero lazer, alienada, ou politização da cultura, como um instrumento de conscientização; efeitos da indústria cultural e dos meios de comunicação de massas.

Considere-se também, o conjunto das transformações até aqui analisadas, para se constatar que as atividades culturais são, ao mesmo tempo, suas resultantes e seus agentes.

Se é correto, num exagero de síntese, caracterizar o período como o de constituição de uma ordem democrática e de uma sociedade urbano-industrial, num país subdesenvolvido, temos pressupostos essenciais para a avaliação de nossas atividades culturais. O primeiro deles é que a ordem democrática favorece o debate sobre os vários projetos para o país, desde os que ainda insistiam em nossa "vocação agrária", até as propostas socialistas defendidas pela União Nacional dos Estudantes, passando pelas de desenvolvimento nacional sob a liderança burguesa, sugerida pelo Instituto Superior de Estudos Brasileiros (ISEB).

Um segundo pressuposto é que as massas urbanas se constituem em mercado consumidor de bens culturais, favorecendo assim o desenvolvimento da indústria cultural, ao se tornarem um "público" essencial para a sobrevivência das atividades mencionadas. Um terceiro pressuposto vincula-se ao nosso desenvolvimento industrial, ao favorecer, no seu eixo mais dinâmico, o aparecimento de empresários dispostos a investir no setor cultural. Por último, como fator adverso, considerem-se as nossas condições de subdesenvolvimento, nossas desigualdades sociais e regionais que inviabilizam a formação de um mercado nacional e o acesso de todos aos bens culturais.

Examinemos, de maneira sumária, cada uma de nossas principais manifestações culturais.

CINEMA

Na trajetória do cinema brasileiro, destaca-se, já no início do período analisado, a presença da Companhia Atlântida, fundada com base na iniciativa de alguns empresários. O seu primeiro filme lançado foi *Moleque Tião* em 1943, dando início à produção cinematográfica que tinha por objetivo a seleção de temas nacionais. Essa primeira produção foi bem recebida pelo público e pela crítica, que destacou o seu conteúdo social e o desempenho de Grande Otelo, ator principal, que tinha suas origens artísticas no Teatro de Revista. Até o final da década de 1950, a produção da Atlântida chegou a sessenta películas, com destaque para as chanchadas, que acabaram por caracterizar a Companhia; são as comédias e os musicais, com extraordinário sucesso de bilheteria, ao agrado das classes populares, com produções de baixo custo: *Tristezas não Pagam Dívidas*, *O Fantasma por Acaso*, *Este Mundo é um Pandeiro*, *É com esse que eu vou*, *Falta alguém no Manicômio*, *Aviso aos Navegantes*; além de paródias dos filmes norte-americanos de sucesso: *Matar ou Correr*, *Nem Sansão, nem Dalila*, parodiando *Matar ou Morrer* e *Sansão e Dalila*. Dentre os artistas notabilizados pela chanchada estão Grande Otelo, Oscarito, Zé Trindade, Dercy Gonçalves, Violeta Ferraz, Ankito.

Com as suas produções contínuas e apressadas, com baixo padrão técnico, em que se aproveitavam as experiências dos artistas provenientes do circo, do teatro de revista e do rádio, utilizando o anedotário e a cultura popular oral, e tendo como personagens camelôs, barbeiros, donas de pensão, empregadas domésticas, as chanchadas recebem críticas variadas. Há os que as consideram manifestações de um cinema vivo e atuante, que lidava criativamente com as precárias condições de produção. Entretanto, para outros, que avaliam a indústria cultural como o reino da ignorância e do analfabetismo, a chanchada estava mais para espetáculo, tão ao gosto dos "intelectuais da Praça Tiradentes", uma referência irônica ao teatro de revista, de onde provinha boa parte de seus atores.

Menos pela dureza da crítica, desconhecida pelo seu público, e mais pelo desenvolvimento da televisão, com seiscentos mil aparelhos instalados em 1960, a chanchada entra em crise.

A verdade é que, por duas décadas de produção ininterrupta, a chanchada teve o mérito de se contrapor ao cinema norte-americano. Com as suas sátiras da vida cotidiana, constituiu-se em produto e instrumento da expansão da indústria cultural, como avaliam os estudiosos Afrânio Catani e José de Melo Souza:

> tais filmes devem ser vistos no interior de uma articulação entre vários ramos de comunicação dessa indústria, pois na linguagem da chanchada acham-se presentes elementos do circo, do carnaval, do rádio e do teatro (...) [as chanchadas] são a primeira experiência de longa duração na produção de uma série de filmes para o mercado.

No que se refere ao papel desempenhado pelos empresários em relação à cultura popular de massa, mencione-se o 1º Encontro de Empresários do Livro, a criação das televisões Tupi, Paulista e Record, da primeira escola de propaganda, a Cásper Libero, o aparecimento da revista *Manchete* e a fotonovela.

É também resultado da iniciativa privada a criação da Vera Cruz em 1949, num cenário cultural um pouco mais sofisticado, que conta também com o Teatro Brasileiro de Comédia, o

Museu de Arte Moderna de São Paulo, e o Museu de Arte Contemporânea do Rio de Janeiro.

A Companhia Cinematográfica Vera Cruz pretendia contrapor-se à chanchada com uma produção de sofisticado nível técnico, com equipamentos e estúdios comparáveis ao padrão do cinema norte-americano. Pretendia tornar-se uma concorrente competitiva no mercado internacional. Nestes termos, refletem as metas propostas os seus primeiros filmes: *Caiçara* e *Terra Sempre Terra*, além de produções mais caras como *Tico-Tico no Fubá*, *Sinhá-Moça* e *O Cangaceiro* (premiado no Festival de Cannes de 1953). Entretanto, os altos custos de produção, o acanhado mercado interno, composto por segmentos da classe média, o monopólio das distribuidoras norte-americanas, que não pretendiam estimular produções concorrentes e a legislação que favorecia os interesses estrangeiros, acabaram por inviabilizar a Vera Cruz.

Na busca de sobrevivência, a Companhia procura realizar filmes com custos mais baixos, direcionado a um público acostumado com as chanchadas. Tal foi o caso de *Sai da Frente, Nadando em Dinheiro, Candinho*,

Cartaz do filme *O Cangaceiro*, reconhecido internacionalmente e premiado no festival de Cannes, em 1953.

que notabilizam Mazzaropi, artista de circo e de rádio. Contudo, a iniciativa não impede o fracasso da Vera Cruz.

O sucesso da chanchada e a falência da Vera Cruz provocam, nesse período de efervescência cultural, debates nos congressos de cinema brasileiro, onde se discutem as condições de produção, de distribuição e de exibição dos filmes nacionais, com o intuito de torná-los mais acessíveis ao mercado brasileiro que não apresentava condições para concorrer com a produção norte-americana. Pretendia-se também introduzir uma temática que privilegiasse a realidade nacional e as suas questões sociais; retratar, com toda a crueza, a nossa realidade subdesenvolvida, sem contudo, por de lado o aspecto artístico da produção cinematográfica brasileira. Nesse contexto surge *Rio, Quarenta Graus*, de Nelson Pereira dos Santos, expondo a miséria e a marginalidade das favelas, avaliado por um arguto estudo dos pesquisadores Maria Rita Galvão e Carlos R. de Souza:

> ambientado em cenários naturais como o Maracanã, o Corcovado, as favelas, as praças públicas ... povoado de malandros, soldados rasos, deputados, favelados e pivetes, *Rio, Quarenta Graus* foi um espetáculo inusitado e de um tal poder de choque, no seu despojamento, que a censura apreendeu o filme.

A partir daí, firma-se a convicção de que o cinema poderia ser, ao mesmo tempo, forma, expressão e denúncia das perversas condições sociais do país. É nesse contexto de debate e crítica que surge o movimento do Cinema Novo, que, desde o lançamento de *Aruanda*, em 1960, define-se como uma cinematografia de produção artesanal e com poucos recursos técnicos. Do paraibano Linduarte Noronha, *Aruanda* retrata a penosa vida nordestina, tendo como temática a crua realidade subdesenvolvida do país. Procurando definir rumos, o cineasta Glauber Rocha, destacada figura do movimento, pondera:

> Nossa geração tem consciência, sabe o que deseja. Queremos fazer filmes anti-industriais, queremos fazer filme do autor, quando o cineasta passa a ser um artista comprometido com os grandes problemas de seu tempo; queremos filmes de combate, na hora do combate e filmes para construir no Brasil um patrimônio cultural.

Para Glauber Rocha, o filme do autor – ideia importada da França – à grande produção e aos seus padrões estéticos e ideológicos contrapõe-se, é, portanto, revolucionário.

No Brasil, o Cinema Novo é uma questão de verdade e não de fotografia. Para nós, a câmera é um olho sobre o mundo, o *traveling* é um instrumento de conhecimento, a montagem não é demagogia, mas pontuação do nosso ambicioso discurso sobre a realidade humana e social do Brasil.

Além de documentários que retratam a miséria dos grandes centros, como as favelas paulistas à margem do Rio Tietê e as migrações nordestinas, o Cinema Novo destaca-se por duas obras fundamentais, *Vidas Secas*, de Nelson Pereira dos Santos e *Deus e o Diabo na Terra do Sol*, de Glauber Rocha; ao lado de *Os Cafajestes*, *Os Fuzis*, de Rui Guerra, e *Ganga Zumba*, de Carlos Diegues.

Mesmo que se considerem procedentes as afirmações do crítico de cinema Bernardet sobre o interesse do público no cinema nacional "visto com olhos diferentes daqueles com que é visto o filme estrangeiro", bem como sobre o poder de impacto da nossa produção cinematográfica ao retratar "a própria realidade social, humana, geográfica etc., em que vive o espectador e que faz parte de suas esperanças e inquietações", o fato é que o Cinema Novo não atinge o grande público. Isso se dá por dois motivos: o primeiro e mais relevante, deve-se à crueza e brutalidade desagradáveis com que "expõe a realidade"; o segundo vincula-se às precárias condições de distribuição dos filmes nacionais.

Com o Golpe Militar de 1964, toda manifestação crítica e de contestação sofre dura repressão, vindo a atingir também o movimento.

Fora dos cânones do Cinema Novo é preciso também lembrar o aparecimento de uma produção diversificada, desde *O Pagador de Promessas*, de Anselmo Duarte, até os filmes populares, como *Jeca Tatu*, *As Aventuras* de *Pedro Malazartes*, protagonizados por Mazzaropi.

No rol das produções do Cinema Novo, é preciso incluir *Cinco Vezes Favela*, promovido pelo Centro Popular de Cultura da União Nacional dos Estudantes, em 1962. Tal Centro, organizado em departamentos de teatro, cinema, literatura, alfabetização, artes plásticas e cultura popular, passou a ser um polo de produção, edição e divulgação de livros, filmes, canções, peças de teatro; uma escola para os seus diferentes artistas, com o objetivo de se chegar a uma "arte popular revolucionária", que pretendia, segundo Oduvaldo Viana Filho, "produzir conscientização em massa, em escala industrial para se combater a alienação em massa, produzida pela indústria cultural".

CULTURA e política

O Centro Popular de Cultura (CPC), segundo seu Manifesto, redigido por Carlos Estevão Martins em 1962, buscava a formação de uma vanguarda popular e revolucionária no campo da cultura, constituindo-se num órgão cultural das massas, com base na combatividade criadora do povo. O CPC deveria optar pelo povo, contrapondo-se ao artista alienado, identificado com as minorias, entendendo que caberia ao artista popular revolucionário conscientizar o povo e transformar a sociedade. Afirma o Manifesto:

> O supremo requisito de validez para a arte está na profundidade, na veracidade e no alcance histórico da visão do mundo que inspira e orienta a atividade criadora, porque a justificativa e a própria condição' de existência da arte está em seu poder de interpretar a vida, descobrindo-lhe o sentido. Nossa arte se populariza, porque repudia a métrica e a ótica do ego da arte alienada e ambiciona, ao contrário, intensificar em cada indivíduo a sua consciência de pertencimento ao todo social; busca investi-lo na posse dos valores comuns e das aspirações coletivas, consolidando assim sua inserção espiritual no conjunto dos interesses coletivos (...) Nossa concepção de arte e política se confundem (...) fora da arte política não há arte popular.

Note-se a avaliação do poeta e ativista da esquerda nacionalista Ferreira Gullar:

O CPC considerava necessário que a obra de arte passasse a tratar dos problemas brasileiros, da realidade brasileira e com uma linguagem acessível a um público o mais amplo possível. Havia o exagero em subestimar a qualidade artística. Desde que se estivesse colocando questões e problemas da nossa realidade e que ideologicamente estivesse correto, a qualidade artística seria secundária. Havia uma tendência a ver na qualidade artística um resíduo de atitude elitista, esteticista. Mas isso é compreensível, porque naquela época era uma audácia fazer aquilo, romper com o teatro comercial, romper com as posições convencionais que eram comuns na intelectualidade e, mesmo na intelectualidade de esquerda.

De grande importância para essa luta do CPC, é a produção de uma série dos *Cadernos do Povo Brasileiro*, que procura orientar o povo e sua vanguarda, combater o imperialismo, divulgar o papel transformador das massas e da revolução. Alguns desses cadernos são decididamente de combate como, por exemplo, *Quem são os Inimigos do Povo?* e *Quem dará o Golpe no Brasil?*, outros mais informativos como *Quem faz as Leis no Brasil?* e *O que é Reforma Agrária?*, e ainda, aqueles com objetivos doutrinários evidentes como *Quem é o povo no Brasil?* e *Por que os ricos não fazem greve?* Em *Quem são os Inimigos do Povo?*, de Theotônio dos Santos, destaca-se o papel primordial que se concedia às vanguardas que deveriam orientar o povo contra os seus inimigos:

> aos homens do povo está reservada a maior tarefa do país; levar avante o nosso desenvolvimento, eliminar a miséria, o analfabetismo, as doenças de origem social, o desemprego, a incultura, a corrupção, os crimes bárbaros.

No mesmo sentido, Wanderley Guilherme dos Santos, se manifesta em *Quem dará o golpe no Brasil?*: "Só o povo, guiado por seus setores mais avançados é capaz de combater, até as últimas consequências, a ameaça do golpe. É necessário que a vanguarda saiba mostrar ao povo sua insuperável vantagem moral sobre seus inimigos".

No contexto dos anos sessenta, caracterizado por grande instabilidade econômica e política, até o Golpe Militar, articulam-se propostas de transformação social nem sempre coincidentes. De um lado, para os mais radicais, o povo deveria tomar o poder "na lei ou na marra", na defesa de uma "revolução socialista" com a participação dos operários, camponeses, intelectuais e estudantes progressistas, conforme posição do CPC. De outro estavam os que defendiam a via democrático-burguesa para as transformações, por meio de uma frente única nacional, com a participação da classe média e também da grande burguesia nacional, em oposição ao latifúndio e ao imperialismo.

Com a preocupação de também "conscientizar o povo" e retratar a realidade brasileira e as suas questões sociais, destaca-se, na segunda metade dos anos

'CINE-TEATRO TABOADA"

) centro popular de cultura da U.N.E. apresenta

"êles não usam black-tie"

sexta-feira 12 de janeiro de 1962

às 19 horas

uma promoção da escolinha de arte de macae

1 entrada — 100 cr$

1/2 entrada — 50 cr$

FILA

CADEIRA

A peça *Eles não usam black tie*, de Gianfrancesco Guarnieri, contribuiu para o questionamento político ao levar ao teatro discussões de problemas sociais brasileiros. (Ingresso da peça)

cinquenta, o Teatro de Arena que introduz numa nova disposição na representação, aproximando a plateia do ator. O questionamento político do período coloca em evidência os novos dramaturgos esquerdistas e nacionalistas: Gianfrancesco Guarnieri com *Eles não usam Black-Tie*; Oduvaldo Viana Filho com *O Chapetuba Futebol Clube*; Augusto Boal com *Revolução na América do Sul*; Dias Gomes com *O Pagador de Promessas*, todos retratam o povo com simpatia e procuram representar os seus "interesses verdadeiros". Apesar dessa preocupação e da tentativa de levar o teatro às fábricas e aos sindicatos, o seu raio de ação não ultrapassou as quase duas centenas de poltronas do referido teatro e não chegou ao povo.

TEATRO

Criado por Franco Zampari, em 1948, o Teatro Brasileiro de Comédia (TBC) trata-se de um empreendimento empresarial e artístico de vulto. Durante os seus quinze anos de atividade, foi fundamental ao revelar uma série de atrizes e atores como Cacilda Becker, Maria Della Costa, Tonia Carreiro, Sérgio Cardoso, Paulo Autran, Jardel Filho, até Fernanda Montenegro, Walmor Chagas, Leo Vilar, Gianfrancesco Guarnieri, Raul Cortez. Alternando a representação dos clássicos universais com as comédias norte-americanas e francesas, o TBC contribuiu também para o fortalecimento do teatro nacional, ampliando, gradativamente, a presença do público, constituído essencialmente pela classe média. As suas primeiras apresentações permaneciam de três a quatro semanas em cartaz, atraindo um contingente de dez mil pessoas. *Os Ossos do Barão,* de Jorge de Andrade, quase duas décadas depois, permanece um ano em cartaz, com um público de cento e vinte mil pessoas. Pode-se notar, na época, um crescente interesse em relação ao teatro em que se destaca a extraordinária dramaturgia de Nelson Rodrigues.

Há também crescente interesse do público por outras formas de manifestação configurando um quadro mais complexo da indústria cultural, como se pode avaliar pelo depoimento de Guilherme de Figueiredo, consagrado autor de *Um Deus Dormiu lá em Casa:*

> o teatro brasileiro se abre em largas e promissoras perspectivas. A qualidade da criação melhora, o público se torna mais denso; as editoras se voltam para as obras teatrais; o comentarista, o crítico, o repórter ganham mais espaços nas revistas, jornais e emissoras de rádio e televisão; os cursos oficiais e particulares começam a apresentar o resultado dum ensino que aos poucos se sistematiza; os teatros estudantis e de amadores se multiplicam; o rádio, o cinema e a televisão já oferecem um relativo campo de estabilidade para o ator.

RÁDIO, televisão, música

Ainda no contexto de nosso desenvolvimento urbano e de constituição de uma indústria cultural de massa, merecem relevância as atividades desenvolvidas pelo rádio e pela televisão. São tidas como as mais populares, dando procedência à constatação de que o popular identifica-se com o que é mais consumido, com o que atinge o grande público. Não é um mero acaso a expansão do sistema radiofônico, que passa de 111 para 300 emissoras, entre 1945 e 1950, com destaque para os programas de auditório, os musicais e as concorridas radionovelas. Não é também casual a mudança na legislação, que em 1952, reserva 20% da programação diária das emissoras para a propaganda publicitária, visto que o número de aparelhos, entre 1952 e 1962, aumenta de 2.500.000 para 4.500.000, com média de 6,6 aparelhos para cada cem pessoas. Como as barreiras técnicas dificultavam as atividades da radiodifusão, impedindo a transmissão para uma área geográfica mais ampla, muitas emissoras reduziam-se a uma ação regional e local.

A classe média começa a se manifestar na produção musical por meio da Bossa Nova, um estilo criado no Rio de Janeiro que ganhou adeptos no Brasil e no mundo. (Capa do LP *Chega de Saudade,* de João Gilberto)

Maiores dificuldades para conquistar o público tiveram, inicialmente, as emissoras de televisão, não só pelo baixo poder aquisitivo da população, como pela sua concentração no eixo Rio-São Paulo, acrescidas às suas precárias condições técnicas, conforme depoimento sugestivo de Moisés Weltman – autor de radionovela:

a televisão brasileira nasceu sob o signo da improvisação. Logo após a TV Tupi, surgiu no Rio a TV Rio, mais precária e improvisada, se isso é possível, do que a TV Tupi. A Rio foi uma estação que tinha tudo para não dar certo. O prédio não era dela. O equipamento era o equipamento já usado pela TV Record. Tudo usado, tudo caindo aos pedaços.

Passando, gradativamente, de 3.500 aparelhos em 1951, para 600 mil em 1959, a televisão, com seus programas humorísticos, *shows* de auditório e telenovelas, atinge cada vez mais os setores urbanos da população.

No que se refere à música, apesar da permanência do samba-canção, das marchas e sambas carnavalescos e da grande influência do baião, mencione-se a concorrência do bolero, do "chá-chá-chá", das guarânias e da música norte-americana. Contrapondo-se à indiscriminada importação da música norte-americana, surge o movimento da Bossa Nova, tido como uma manifestação da classe média alta, sem maior identidade com o povo; apesar disso, buscava-se torná-lo tema obrigatório de suas canções.

ARTE e povo

Do Cinema Novo à Bossa Nova, passando pelo Teatro de Protesto e pelo Centro Popular de Cultura da UNE, o povo passa a ser o ator social mais requisitado. Não era o povo assediado pela mídia dos grandes centros urbanos, que reproduzia falsos valores, alienando-o numa manifestação de "arte-popular" que se constituía em mero passatempo conformista, mas o povo conscientizado por uma "arte-popular-revolucionária", na perspectiva do Centro Popular de Cultura. Logo, fazer cultura é também fazer política, para o que era essencial a ação das vanguardas, em que o artista e o intelectual, submetidos às causas do povo, assumissem, por intermédio de um projeto nacional, a missão de transformar o país, superando as suas condições de subdesenvolvimento. Para isso, se recorria a posições "reformistas", "revolucionárias", desde que se consolidasse a unidade "vanguarda-povo".

Mesmo que se considerem procedentes algumas críticas a esse "projeto cultural populista", apresentando-se como paternalista a pretensão de "dar cultura ao povo", é preciso reconhecer que, graças a ele, a camada popular passa a ser valorizada como sujeito social capaz de provocar mudanças. Tal postura se distancia, sensivelmente, das posições conservadoras, caracterizadas pelo menosprezo ao povo.

Essas manifestações culturais devem ser reconhecidas menos pelo poder de mobilização popular, mas, sobretudo pela "palavra de ordem" na defesa do popular e do nacional. Não era pouco, se considerarmos que tais ações dão ao período a efervescência e a criatividade mencionadas, num contexto de mobilização política em que as classes populares se apresentam como sujeitos não descartáveis.

LETRAS

A poesia e a prosa de ficção, entre 1945 e 1964, pautavam-se pela mesma efervescência e criatividade das outras manifestações culturais.

Deve-se ressaltar a existência de um "novo sistema cultural", nos anos posteriores a 1930, que acompanha o conjunto das transformações econômicas, sociais e políticas até aqui examinado. Mesmo que se concorde com a impossibilidade de estabelecer, com rigidez, os diversos momentos do referido sistema cultural, podemos reconhecer, juntamente com o escritor católico Alceu Amoroso Lima, que, a partir de 1945, há uma fase neomodernista que "vem de mansinho, sem grandes chefes, sem manifestos, sem gritos de combate, sem caráter de cruzada".

Essa ação discreta da "geração pós-45" revela, entretanto, um panorama literário em que se destacam "a ficção regionalista", o "ensaísmo social", o "romance introspectivo" e "o aprofundamento da lírica moderna"; através de um extraordinário elenco de autores e obras. Mencione-se, para revelar o alto nível alcançado, as monumentais criações de João Cabral de Melo Neto na poesia, e de João Guimarães Rosa na prosa.

A INFLUÊNCIA norte-americana

É preciso registrar ainda, como uma das características do período, a influência norte-americana, por meio de suas produções musicais, com conjuntos, como o de Glenn Miller, e o *rock-and-roll* de Elvis Presley, além de sua produção hollywoodiana, a meca do cinema, que contava com eficiente distribuição em nosso país. Muitos de seus filmes eram garantido sucesso de bilheteria, como por exemplo, *Sindicato de Ladrões* e *Juventude Transviada*; em que se destacam grandes ídolos como Marlon Brando e James Dean, por retratarem a juventude norte-americana do pós-guerra.

Considere-se, ainda, as publicações americanas, como a revista *Seleções,* vendida a preços módicos, e largamente lida pela classe média brasileira. Com tiragem mensal de 600 mil exemplares, só era superada por *O Cruzeiro,* nossa revista de maior circulação. *Seleções* divulgava o anticomunismo, defendendo a ação intervencionista da política externa norte-americana e fazia propaganda do exemplar *american way of life.*

O Golpe Militar de 1964

Já notamos, ao examinarmos a política econômica do período Goulart, a ação errática do governo num contexto de profunda crise, como também, ao tratarmos dos movimentos operário e sindical, a presença crescente das greves e das organizações sindicais, além da ação das organizações paralelas, com destaque para o CGT e de suas mobilizações eminentemente políticas. Já indicamos também a problemática das relações entre os governos brasileiro e norte-americano. Chamamos a atenção, nessa conjuntura, para um aspecto fundamental: a presença decisiva dos setores populares como interlocutores políticos, não mais descartáveis pelas decisões de cúpulas e de minorias.

Assim como no tempo de Vargas, o governo de Goulart mantinha vínculos com os movimentos sociais e com os partidos políticos que favoreciam uma política de massas. Nesse particular, tanto Vargas quanto Goulart diferenciavam-se por suas lideranças populistas e tiveram sempre a oposição das forças mais conservadoras, civis e militares. Nesse sentido, é possível relacionar o "golpe" de 1954, que levou Vargas ao suicídio, com o Golpe de 1964, que depôs Goulart.

Como herdeiro político de Vargas, com forte liderança no movimento sindical, o presidente do PTB, Goulart, deixara, em 1954, o cargo de Ministro do Trabalho, diante das pressões resultantes de sua proposta de um aumento de 100% para o salário mínimo.

A oposição de alas mais conservadoras das Forças Armadas a Goulart, reitera-se, a se tentar impedir a sua posse na presidência da República, com a renúncia de Jânio Quadros, em 1961. Na ocasião, através de um Manifesto, acusam Goulart de aliar-se desde 1954, com "os conhecidos agentes do comunismo internacional, além de incontáveis elementos esquerdistas" e, como vice-presidente da República, de "tornar clara e patente a sua incontida admiração aos regimes de governo da Rússia e da China Comunista, exaltando o êxito das comunas populares". Tal manifestação militar contava com o apoio de setores civis liderados pela UDN.

A pronta reação dos setores populares, nacionalistas e reformistas, inviabiliza o golpe que impediria a posse de Jango. Manifestações de Governadores de Estado, com destaque para Leonel Brizola (Rio Grande do Sul) e Mauro Borges (Goiás), e de militares nacionalistas, como o Marechal Lott, preso por se dizer contra a ação golpista; greve geral, proposta pela liderança do Comando Geral dos vários movimentos de paralisação dos setores têxtil, de transportes, bancário, metalúrgico, portuário; além de uma proposta da UNE de greve nacional são ações consistentes e antigolpistas e que já demonstram, no início do período Goulart, uma clara divisão de forças.

A solução encontrada para a crise – que opunha os favoráveis e os contra a posse de Goulart –, a emenda constitucional que instituía o parlamentarismo, foi, na avaliação das forças democráticas e populares, um recuo, um retrocesso, um verdadeiro "golpe branco". É que, no sistema parlamentarista, o Poder Executivo passa a ser exercido pelo Presidente da República e por um Conselho de Ministros (Gabinete Parlamentar). Nomeado o Primeiro Ministro pelo Presidente da República, cabe-lhe compor o Ministério. O Conselho governaria com o voto de confiança do Congresso Nacional, de composição sabidamente conservadora. A emenda constitucional propunha também a realização de um plebiscito nove meses antes do término do mandato do governo, para decidir pela continuidade ou não do parlamentarismo.

Sob a vigência do parlamentarismo, entre setembro de 1961 e janeiro de 1963 – uma vez que o plebiscito fora antecipado a partir de ampla campanha do governo, com respaldo das forças populares e democráticas – a crise política foi uma constante, com a sucessão de três Conselhos de Ministros. Antes mesmo da volta ao presidencialismo, Goulart procura agir em faixa própria, assumindo a defesa das Reformas de Base. Com a volta do presidencialismo, apresenta o Plano Trienal, que também enfatiza a necessidade de reformas para que fossem eliminadas as barreiras na nova etapa do desenvolvimento do país. As Reformas de Base (agrária, urbana, fiscal, administrativa, bancária, educacional) nada tinham de radical ou de socialista, como acusavam os seus detratores. Eram destinadas a desimpedir o livre desenvolvimento das forças produtivas, e possibilitar a ampliação do capitalismo brasileiro.

Cansados de esperar, trabalhadores rurais organizam manifestações contundentes a favor da Reforma Agrária. (Protesto em 1962)

Goulart, em sua defesa, aproxima-se dos setores populares, nacionalistas e reformistas da sociedade civil, do Congresso e das forças armadas. Entre as Reformas de Base, destaque-se a Reforma Agrária, a mais intensamente debatida, a que mais polarizou as posições e que contribuiu muito para a desestabilização do governo Goulart. É que poucos temas foram tão discutidos e adiados, entre 1945 e 1964, como o da reforma agrária.

O Congresso sempre tivera as suas gavetas abarrotadas de projetos de reforma agrária, nunca aprovados. Não se desconhece o projeto do governo Dutra, logo abandonado, como também duas manifestações de Getúlio, em 1951 e 1954, para o aproveitamento do latifúndio improdutivo, e outro, do próprio PTB, em campanha eleitoral de 1955, com o objetivo de ampliar as suas áreas de influência no campo. Durante o curtíssimo período de Jânio, cria-se um grupo de trabalho para a elaboração do Estatuto da Terra, que será examinado pelo Gabinete Parlamentar de Tancredo Neves.

Para o governo Goulart, no já descrito quadro de tensões do período, seria necessário decidir a natureza da reforma agrária proposta, as formas institucionais para o seu encaminhamento e os mecanismos jurídicos para a sua execução; tarefas nada fáceis diante de posições muito polarizadas. Se existia consenso razoável a respeito da necessidade de uma reforma agrária, não havia possibilidade de acordo em torno de alguns pontos. O mais relevante deles refere-se à obediência ao princípio constitucional que exige a indenização prévia e justa, em dinheiro, das terras desapropriadas.

Ao defender a reforma constitucional, Goulart amplia as suas bases de sustentação entre as lideranças democráticas, ao mesmo tempo em que afronta os grandes proprietários rurais. Para as forças conservadoras que, com muita desenvoltura, haviam apoiado a emenda constitucional para a implantação do parlamentarismo, no caso da reforma agrária consideram a Constituição intocável. Essa foi a palavra de ordem da Sociedade Rural Brasileira em todo o país. No Congresso, a resistência não era menor, apesar das pressões da Frente Parlamentar Nacionalista, composta pelos progressistas dos diferentes partidos, contrapondo-se à Ação Democrática Parlamentar, majoritária e que congregava os conservadores.

Quando ainda na vigência do parlamentarismo, no I Congresso Nacional de Lavradores e Trabalhadores Agrícolas, em fins de 1961, em Belo Horizonte, aprova-se a proposta de "reforma agrária na lei ou na marra", posição defendida pela liderança das Ligas Camponesas e dissidentes comunistas. A reação conservadora foi imediata com a realização da IV Conferência Rural Brasileira, que define, em janeiro de 1962, a sua posição a respeito da reforma agrária, através dos seguintes pontos: obediência aos preceitos constitucionais "a Constituição é intocável", aumento da produtividade, criação de condições para o melhor escoamento das safras, política de preços, ampliação de créditos, assistência técnica e educação profissional às massas rurais. Em suma, uma "modernização da agricultura" com os recursos públicos, sem tocar na estrutura latifundiária.

A presença de Goulart no referido Congresso de Lavradores e a sua posição pública, em Manifestação de 1º de maio de 1962 a favor da reforma agrária, com mudança constitucional, é considerada pelas forças conservadoras rurais e urbanas como um ato de provocação do governo. A bem da verdade, o que Jango pretendia nada tinha de radical: defendia um capitalismo "patriótico e humano" e a sua reforma agrária buscava, antes, eliminar os obstáculos da estrutura agrária ao desenvolvimento do capitalismo industrial, com o objetivo de se ampliar o mercado interno para os produtos industriais e uma produção orientada para o abastecimento urbano em expansão.

Nesse sentido, examina-se o Estatuto da Terra, apresentado no início do ano de 1962, que propunha uma "reforma agrária nem paliativa, nem espoliativa", e que pretendia regulamentar o arrendamento e a parceria e estender ao trabalhador rural os direitos da CLT. Em resposta à radicalização das Ligas Camponesas, o Estatuto da Terra propõe um arrendamento com contratos, no mínimo trienais, em que a taxa anual do arrendatário não poderia ultrapassar 10% do valor da propriedade (costumeiramente essa taxa chegava a 50% desse valor, além de prestação de outros serviços). O Estatuto da Terra sugere também a criação da SUPRA (Superintendência da Reforma Agrária), para planejar, elaborar e executar as medidas de Reforma Agrária. O seu superintendente, diretamente nomeado pelo Presidente da República, teria *status* semelhante ao de Ministro de Estado.

Na ocasião, não era possível desconhecer – ao lado do apoio do governo à sindicalização rural, em aliança com os comunistas –, a existência de posições mais radicais, representadas pelas Ligas Camponesas, e que ofereciam oportuna fonte para os grandes proprietários de terras denunciarem "os perigos da convulsão social" e do "comunismo".

As primeiras manifestações significativas das Ligas Camponesas concentraram-se no Nordeste, a partir de 1955, sob a liderança de Francisco Julião. As Ligas arregimentaram os arrendatários, parceiros, posseiros e pequenos proprietários ameaçados de extinção, pela reconcentração da propriedade de terras realizada pelas usinas de açúcar. Fora das Ligas, estavam os trabalhadores assalariados que se organizaram no movimento sindical, sob a liderança dos comunistas e com o apoio governamental.

Ao organizarem-se regionalmente, as Ligas procuraram se fortalecer diante da conduta arbitrária dos proprietários e das autoridades locais. Aliando-se aos movimentos sociais, pretendiam proteger os seus núcleos locais e facilitar a assistência jurídica, financeira e econômica dos seus filiados, conforme as ponderações de seu líder:

> dispor, na sociedade em que se situa, de uma lei que proteja alguns de seus direitos; possuir um mínimo de condições financeiras que lhe permita conduzir, legalmente, a defesa de seus direitos; ter um mínimo de condições econômicas que lhe permita oferecer resistência ao adversário.

Como se nota, uma organização legal e pacífica de trabalhadores rurais, mas que adquire um grande potencial organizador. A partir do I Congresso de Camponeses de Pernambuco, em 1955, que reuniu três mil camponeses, o movimento cresce, criando-se, entre 1960 e 1961, federações em dez estados; sentiram-se incentivados com a desapropriação do Engenho da Galileia, núcleo inicial das Ligas, considerada pelos grandes proprietários como "um ato extremista", "um ilícito e violento golpe ao princípio de propriedade", efetuado pelo governo de Pernambuco, que nada tinha de radical. A liderança das Ligas Camponesas destacou-se também no I Congresso de Lavradores, de Belo Horizonte, em 1961, que defendia a implantação da reforma agrária na "lei ou na marra", contra a posição defendida pelos comunistas, que pretendiam uma reforma agrária gradual, tendo por objetivo vitórias parciais (reivindicações salariais, melhores condições de trabalho), por meio das quais pretendiam fortalecer o movimento camponês, subordinando a luta agrária à questão nacional democrática.

Tendo atingido perto de 50 mil associados no Nordeste, as Ligas abandonam a ação legal e pacífica de seus primórdios, passando para a resistência armada na defesa de seus interesses; a partir de 1962, isolam-se do movimento mais geral, mesmo com a tentativa de Julião, contrário às atividades guerrilheiras, ao lançar o Movimento Radical Tiradentes, que buscava agregar em torno das Ligas todos os reformistas agrários e nacionalistas. Contribuíram para o seu isolamento: a escalada de repressão, com assassinatos, prisões e violências contra os camponeses e seus líderes, desencadeada, especialmente no Nordeste; e a ação da ULTAB (União dos Lavradores e Trabalhadores do Brasil) liderada pelos comunistas com o apoio de Goulart, ampliando o movimento de sindicalização rural (como uma das formas de se contrapor à atuação das Ligas).

De todo modo, as Ligas acabaram por instilar várias manifestações conservadoras no país. Estas iam desde o ataque frontal ao governo às palavras de lideranças no Congresso Nacional, que consideravam que "o latifúndio ainda era um imperativo econômico de nosso tempo" e que o "Brasil é quase um gigante que não pode ser vestido de reformas agrárias talhadas para nações insulares como Cuba".

A ação das Ligas favoreceu também o rol de canhestras reformas agrárias, propostas por governadores de vários Estados (São Paulo, Rio de Janeiro, Minas Gerais, Goiás, Pernambuco), que pretendiam dar respostas às crescentes reivindicações. Em Pernambuco, propunha-se doação de 10ha por família, com recursos a serem obtidos com o aumento do imposto territorial dos latifúndios improdutivos e que pretendia assentar cinco mil camponeses, num período de cinco anos. Em Minas Gerais, o governador Magalhães Pinto propõe uma medida que contemplaria três mil famílias, preocupado com a estabilidade do regime "diante da fome do povo".

As forças sociais que se opunham à reforma agrária e que combatiam a emenda constitucional eram ponderáveis. Lideradas pela Sociedade Rural Brasileira, a Federação das Indústrias de

São Paulo (FIESP), as Associações Comerciais, a Ordem dos Advogados do Brasil (OAB), propõem marchas ruralistas para mobilizar a população, que reunia um ponderável contingente das classes médias urbanas, para se contrapor às posições "esquerdizantes" do governo. No Congresso e na grande imprensa, destaque-se o jornal *O Estado de São Paulo*, as manifestações eram no mesmo sentido.

Em março de 1964, no famoso comício do dia 13, o decreto da SUPRA, que trata da reforma agrária, nada propõe de radical:

No comício do dia 13 de março de 1964, Jango discursa a favor da reforma agrária provocando a reação irada dos conservadores.

ficam declaradas de interesse social, para efeito de desapropriação, as áreas rurais compreendidas em uma área de 10 quilômetros nos eixos das rodovias e ferrovias federais, excluídos os imóveis com menos de 500 hectares. As terras desapropriadas serão divididas em lotes rurais, de área não superior a 10 hectares, vendidas a prazo ou dadas em locação.

Na ocasião, entretanto, o discurso do presidente é provocador:

não se compreende que uma estrada como a Rio-Bahia, com oitocentos quilômetros asfaltados e que custou sessenta bilhões ao povo brasileiro, venha a beneficiar os latifundiários que têm o valor de suas terras duplicado (...) não é essa a reforma agrária pela qual lutamos (...) [a reforma que queremos] representa um passo à frente no caminho das grandes reformas de estrutura.

A consequência dessas posições é o recrudescimento das ações oposicionistas.

Mesmo que se considere que, entre 1961 e 1964, a classe rural perdia gradativamente terreno diante das propostas reformistas que favoreciam o avanço do sindicalismo rural, da mobilização camponesa e da ação da Frente Parlamentar Nacionalista, era ponderável ainda o seu poder de resistência e de organização. Por meio da Sociedade Rural Brasileira, os ruralistas articulavam-se com o conjunto das oposições ao governo.

Daí as imediatas reações ao pronunciamento de Goulart, ao mobilizarem, especialmente a classe média, que dava sustentação social às articulações golpistas, na organização das conservadoras Marchas da Família com Deus, pela Liberdade, em 19 de março de 1964, em protesto contra aquilo que denominavam esquerdização do país:

A Capital paulista viveu ontem o maior dia de toda a sua história. Em formação compacta e na mais perfeita ordem, cerca de 500.000 democratas de todas as condições sociais, constituindo verdadeira torrente humana, desfilaram durante horas pelas ruas do centro, transformando a "Marcha da Família com Deus, pela Liberdade" na maior manifestação cívica jamais realizada nos quatrocentos e dez anos de vida da nossa metrópole. (Jornal *O Estado de São Paulo*)

O combate pertinaz ao Governo Goulart, como notamos, é da primeira hora, com a tentativa de golpe em 1961. Já, no final da década de cinquenta, cria-se o Instituto Brasileiro de Ação Democrática (IBAD), com o alegado objetivo de "defender a democracia", destacando-se até 1964 por suas organizações pa-

As forças conservadoras saíam em marcha pelas ruas e articulavam-se nos bastidores contra o que chamavam de "esquerdização" do país. (Marcha da Família com Deus, pela Liberdade, São Paulo, março de 1964)

ramilitares e anticomunistas, como a Cruzada Libertadora Militar Democrática. Articula-se com o IBAD a Ação Democrática Parlamentar, frente dos partidos conservadores, e que, durante as eleições de 1962, procura obter a maioria do Congresso. Em 1961, cria-se também, graças à articulação de grandes empresários, o Instituto de Pesquisas e Estudos Sociais (IPES). A unidade natural IPES/IBAD age no sentido de desarticular as organizações trabalhadoras urbanas e rurais, apoiar as posições conservadoras da Igreja Católica, dividir o movimento estudantil liderado pela UNE, mobilizar as classes médias e a alta oficialidade no combate ao governo. Com fartos recursos, recebendo contribuições de 297 corporações norte-americanas e da CIA, promove campanhas anti-Goulart e anticomunista na grande imprensa e por meio da ação de seus "grupos democráticos"; Frente da Juventude Democrática, Campanha da Mulher pela Democracia, Movimento Sindical Democrático. Envolve-se em milionária campanha para a renovação do Congresso em 1962, com o objetivo de garantir maioria conservadora, que poderia ser ameaçada pelo voto mais consciente dos grandes centros urbanos.

Não era mero acaso a proposta de Brizola, no comício do dia 13, ao pedir o fim da "política de conciliação" e a convocação de uma Assembleia Constituinte ("constituinte sem golpe"), e ao criticar duramente o Legislativo "controlado por uma maioria de latifundiários, reacionários e ibadianos".

Contrapondo-se ao movimento de direita e golpista, articulavam-se as forças sociais nacionalistas e de esquerda, que apostavam na mobilização das classes populares e na organização dos trabalhadores. Constituíam o contingente da "esquerda positiva", denominação de San Tiago Dantas, que pretendia mudanças sociais e mobilização popular para remover os obstáculos internos e externos ao desenvolvimento; garantir a expansão do capitalismo no país, mediante Reformas de Base, sem pretensões de construir uma sociedade socialista; cooperação entre classes, mais que luta de classes.

Apoiava também o governo o Partido Comunista (PCB), com participação no movimento sindical e nas organizações paralelas (CGT). O PCB, mesmo na ilegalidade, insistia na participação das massas; pretendia, entretanto, realizar antes a "revolução burguesa" e superar as "características feudais" que entravavam o desenvolvimento das forças capitalistas. Na avaliação dos comunistas, os "setores feudais", aliados do imperialismo estrangeiro, impediam que se realizasse a revolução democrática burguesa (capitalista), etapa necessária para a futura emancipação da classe trabalhadora. Logo, a aproximação de Goulart com os comunistas nada tem de surpreendente.

Mais radicais que o PCB, e com menor penetração havia o que se chamou de "esquerda negativa", que propunha a luta armada e revolucionária pelo socialismo, como era o caso da Organização Revolucionária Marxista – Política Operária (POLOP), o PC do B (resultante divisão do PCB) e do Partido Operário Revolucionário Trotskista (PORT).

A partir de 1962, surge a Ação Popular (AP), uma organização que buscava para o país uma alternativa nem capitalista, nem comunista, inspirada num humanismo cristão.

Tais manifestações organizaram-se, com mais força, no movimento estudantil, sob a liderança da União Nacional dos Estudantes (UNE). Criada em 1937, no I Congresso Nacional dos Estudantes, a UNE destacou-se sempre nas lutas democráticas, como já assinalado com sua participação na Redemocratização, durante a crise do Estado Novo, assim como na Campanha do Petróleo. Na década de 1960, intensifica as suas atividades na defesa das Reformas de Base e pretende "uma aliança com os operários camponeses, intelectuais progressistas, militares democratas e outras camadas da vida nacional", para o fortalecimento do movimento, e procurar fazer "da reforma agrária, bandeira dos estudantes, do mesmo modo em que as transformações no nosso ensino possam ser objetiva e subjetivamente aspirações de operários e camponeses". Procurando fortalecer o seu contato direto com as massas, a UNE começa a encenar peças em portas de fábricas, favelas, sindicatos, associações de bairros; ocasião em que se distribuíam textos das séries *Cadernos do Povo e Violão de Rua* (poesia). Promovia também cursos de teatro, cinema e, através da UNE-volante, realizava excursões para as capitais com o objetivo de ampliar a ação da entidade junto aos operários e camponeses nas diferentes regiões do país.

Na sua proposta aliancista, a UNE participa de uma outra organização de defesa das Reformas, a Frente de Mobilização Nacional, criada em 1962, por Leonel Brizola, que procurava pressionar Goulart a romper a sua política de conciliação com "as forças políticas conservadoras e pró-imperialistas". Ao lado da UNE, participam desse movimento o CGT, as Ligas Camponesas, a Frente Parlamentar Nacionalista, o Movimento dos Sargentos.

O Movimento dos Sargentos é resultado de uma crescente politização dos setores subalternos das Forças Armadas, que reivindicam melhores condições salariais e o direito à elegibilidade. Manifesta-se quando 650 sargentos da Marinha e da Aeronáutica se revoltam em Brasília, em setembro de 1963, diante da decisão do Supremo Tribunal Federal de não aprovação do recurso de dois tenentes, eleitos no pleito de 1962, e que reivindicavam o referido direito de elegibilidade. A oficialidade das Forças Armadas se contrapõe à sublevação, cujo desfecho foi a prisão dos revoltosos, ao passo que a UNE, o CGT, e a FPN são solidários aos sargentos. Goulart contemporiza e se mostra favorável à reforma constitucional, uma pré-condição para obtenção do direito reivindicado. Na ocasião, o direitista Carlos Lacerda, governador da Guanabara, pede o alijamento de Goulart, em entrevista a um jornal norte-americano, o que provocou uma tentativa do Executivo de intervenção naquele Estado.

Pressionado pela crescente desconfiança dos conservadores e pela ação dos favoráveis a um golpe, cada vez mais, Goulart caminha com as forças populares e de esquerda, que, por sua vez, lhe pedem o abandono das posições conciliatórias.

Por todos os fatos expostos, não surpreende o tom radical do pronunciamento de Goulart, no Comício do dia 13 de março, no Rio de Janeiro, a sua última demonstração de força, na tentativa de barrar a ação golpista civil e militar. Nessa ocasião, em que o governo fez questão de demonstrar o seu poder de mobilização, os cartazes denunciavam, nos seus *slogans*, o radicalismo de posições: "Forca para os Gorilas", "Reforma Agrária ou Revolução", "Defenderemos as Reformas à Bala", "Legalidade para o PCB", *Yankee go Home.*

Realizado um dia antes da abertura do Congresso, com a presença de duzentas mil pessoas mobilizadas pelas entidades sindicais, pela Frente Parlamentar Nacionalista e protegido por tropas do exército, o Comício, na opinião de seus organizadores, pretendia "uma decidida demonstração de apoio dos trabalhadores e do povo em geral para a solução dos problemas nacionais na sua inabalável disposição a favor das Reformas de Base". O discurso de Goulart é uma resposta dura aos seus opositores:

> Proclamar que esta concentração seria um ato atentatório do Governo ao regime democrático é como se no Brasil ainda fosse possível governar sem o povo. Desgraçada a democracia se tiver que ser defendida por esses democratas. Democracia para eles, trabalhadores, não é regime de liberdade, mas a de um povo emudecido e abafado nas suas reivindicações. A democracia, trabalhadores, que eles desejam impingir-nos é a democracia do an-

tipovo, da anterreforma, do antissindicato, aquela que favorece aos interesses dos grupos que representam. A democracia que eles pretendem é a dos privilégios, da intolerância, do ódio.

Pede ainda a encampação de refinarias particulares, o voto para os analfabetos e enfatiza a necessidade de uma reforma constitucional. É também uma tentativa de pressionar o Congresso, ainda conservador, e fazer frente à dura campanha oposicionista ao governo.

Com essa concentração de massa e com o avanço das Reformas de Base, as forças populares, nacionalistas e de esquerda sentem-se tomadas por um sentimento de vitória.

Em tal contexto, altamente conflitivo, a reação conservadora não surpreende. Os governadores de São Paulo e Guanabara (Ademar de Barros e Carlos Lacerda) criam a Frente de Resistência. Já mencionamos as Marchas da Família com Deus, pela Liberdade, com amplo apoio das camadas médias. Nas Forças Armadas, a alta oficialidade toma conhecimento de documento escrito por Castelo Branco e que chamava a atenção para os perigos da "instituição de uma ditadura síndico-comunista" e das "agitações generalizadas do ilegal poder do CGT". Ao mesmo tempo em que condena a proposta de Brizola para a convocação de uma Constituinte, reitera que aos militares não caberia "a defesa de programas de governo e de sua propaganda, mas garantir os poderes constitucionais, o seu funcionamento e a aplicação das leis". Tratava-se, decididamente, do golpe militar em andamento, com apoio civil, como a manifestação de Bilac Pinto, da UDN, denunciando o "plano de guerra revolucionária do Governo Goulart" como "prenúncio do assalto ao poder pelos comunistas".

Valia tudo para derrotar os "comunistas" de Goulart. Hoje se sabe que a chamada Revolta dos Marinheiros de 26 de março – quando reiteram-se afirmações radicais: "os sargentos são a liderança da revolução brasileira", "os sargentos impedirão qualquer golpe reacionário" – foi provavelmente provocada pelo Almirantado. Como, à época, foi divulgada como uma revolta a favor de Jango e contra a hierarquia, ampliou a ideia de golpismo no interior das Forças Armadas. A reação contemporizada de Goulart quanto à punição dos revoltosos e consequente demissão do Ministro da Marinha resulta em duras manifestações dos Almirantes e do Clube Naval: "os últimos acontecimentos mostraram que a Marinha como instituição militar, foi duramente abalada em seus próprios fundamentos ... e que tem por dever zelar pela lei, pela ordem e pela defesa das instituições". O tom é o mesmo do memorando do então general Castelo Branco.

Em 30 de março, na Associação dos Suboficiais e Sargentos da Polícia Militar do Rio de Janeiro, Goulart faz a sua última manifestação pública. Na crise de 1961, os mesmos fariseus que hoje exibem um falso zelo pela Constituição queriam rasgá-la, em frontal ataque aos golpistas, e completa:

> também faltava com o meu dever, se não alertasse ao alicerce básico das nossas Forças Armadas – os sargentos – contra a terrível campanha que neste instante se move em todo o País, por todos os meios e através de todos os processos, contra o Presidente da República.

O golpe militar contra o governo previsto para 2 de abril é antecipado, graças à ação do General Mourão Filho, comandante da IV Região Militar de Minas Gerais, ocorrendo em 31 de março. A adesão de Magalhães Pinto, governador de Minas, ao golpe se dera em 28 de março, aliando-se a Carlos Lacerda e Ademar de Barros. O apoio das demais regiões militares aos golpistas, a rápida retirada de Goulart para o Rio Grande do Sul e a sua decisão de evitar a "luta fratricida" levam-no para o exílio, no Uruguai, em 4 de abril de 1964.

O CGT, a mais ativa organização sindical, propõe uma greve geral em 31 de março, sem sucesso. Para o fracasso contribuíram a dura repressão às suas lideranças e a precária mobilização operária, resultado da frágil penetração do CGT junto às bases operárias. Por isso, não deixa de ter razão um jornalista norte-americano ao afirmar que "o governo trabalhista foi derrotado pela classe operária de São Paulo".

Em contrapartida, no dia 1º de abril, a Marcha da Família mobilizava, no Rio de Janeiro, um milhão de pessoas representantes das classes alta e média em apoio ao golpe. Antes mesmo que Goulart deixasse o país e o general Castelo Branco tomasse posse, em 11 de abril, Lyndon Johnson, presidente dos Estados Unidos, saudava o novo governo brasileiro. A presença norte-americana nas articulações golpistas era efetiva. A operação *Brother Sam* deveria, caso necessário, oferecer apoio material, logístico e militar aos golpistas. Contrariando as previsões da CIA, que acompanhava passo a passo o governo Goulart, não houve "guerra civil", para a alegria do embaixador norte-americano Lincoln Gordon:

> Vocês fizeram uma coisa formidável! Essa revolução sem sangue e tão rápida! E com isso pouparam uma situação que seria profundamente desagradável [*sic*] e de consequências imprevisíveis no futuro de nossas relações; vocês evitaram que tivéssemos que intervir no conflito.

Encerra-se com o Golpe Militar a nossa República Liberal. O seu início resultou de ampla frente de oposição ao governo ditatorial de Vargas. O seu fim deveu-se à ampla frente conservadora, civil e militar, com a deposição de um governo democraticamente eleito. Da crise da ditadura à imposição da ditadura. No primeiro caso, as classes populares pouco participaram da redemocratização. No segundo, a ditadura acabou por se impor como uma ação preventiva, para impedir a crescente participação das forças populares na defesa de seus interesses, nada coincidentes com os das classes dominantes.

Considerações finais

Vimos que se realiza, nesse período (1945-64), uma bem sucedida passagem da economia com o predomínio do setor primário-exportador, para uma economia industrial madura, por meio do conhecido processo de "substituição de importações", cujos primórdios estão na década de trinta. Uma bem sucedida passagem, quando se avalia o desenvolvimento do capitalismo nacional e da burguesia industrial.

O mesmo Estado que define e realiza uma profícua política econômica, decisiva para o referido desenvolvimento, pródigo em medidas nesse sentido, manifesta-se, de modo exageradamente comedido, no que diz respeito aos investimentos em saúde, educação, moradia popular, infraestrutura urbana.

Exemplo disso pode ser apontado por ocasião do Plano Salte: os recursos públicos para o combate à malária, às verminoses, à lepra, à febre amarela, ao tracoma eram insuficientes. Não é por outro motivo que a idade média da população mais pobre era de trinta anos. Durante o segundo Governo Vargas, os programas de saúde pública eram pontuais e precários. Em Fortaleza, para ficarmos num único exemplo, quinhentas, das mil crianças nascidas, morriam no primeiro ano de idade. Calculava-se, em 1951, a necessidade de dois milhões e quatrocentas mil moradias, diante do crescente processo de aumento da população e a sua concentração urbana. Os planos do governo reduziam-se a financiamentos de casas próprias, por intermédio dos Institutos de Previdência, de mínima eficácia.

Durante o Plano de Metas, são também irrisórios os recursos públicos para a educação, saúde, previdência social, moradia, o que se reitera na crise dos anos sessenta. No período, como um todo, as condições de vida das populações mais pobres eram precárias nos centros urbanos e precaríssimas nas áreas rurais. A urbanização intensa e crescente é também uma das características dessas duas décadas. Em 1950, para uma população de 52 milhões de habitantes, 16,3% desse total viviam em cidades com mais de 50 mil habitantes; 13,2%, em cidades com mais de 100 mil habitantes e 9,3%, em cidades com mais de 500 mil habitantes, os percentuais eram, respectivamente, 22,9%, 18,8% e 12,8%. Há, entre 1950 e 1960, um aumento de 19 milhões de habitantes, em cidades de 100 mil habitantes. Em suma, em fase de intensa urbanização e industrialização, a preocupação do setor público concentrava-se na oferta de condições para o desenvolvimento industrial, cujos resultados podem ser avaliados pelo balanço de um dos melhores estudos de política econômica do período, realizado ao final do Plano de Metas:

O setor público no Brasil é o proprietário e empresário das atividades de transporte marítimo, fluvial e ferroviário, de produção e refino de petróleo e combustíveis atômicos. Controla a maior parcela do setor siderúrgico e caminha a passos largos para se constituir no principal produtor de energia elétrica. Intervém diretamente nas atividades dos principais setores de exportação, e comercializa parcela substancial da produção exportável e é, ele mesmo, o principal produtor e exportador de minério de ferro. Regula direta e indiretamente o mercado cambial. Devido a preceito constitucional, é o regulador direto de atividades de extração do subsolo, vias de comunicação e canais de radiodifusão, cujo direito de explorar cede, mediante concessões, ao setor privado. É, isoladamente, o maior banqueiro comercial, outorgando, aproximadamente, 35% do crédito geral ao setor privado, através do Banco do Brasil, e a maior parcela do crédito agrícola. Via outras agências financeiras especializadas concede o total de crédito cooperativo e financiamentos a longo prazo. Fixa salários, taxas de juros, aluguéis e preços dos principais gêneros de subsistência. Determina os preços mínimos para agricultura e começa a construir e operar importante sistema de armazenagem e comercialização destes bens. Dispõe de todos os tradicionais poderes para tributar. Exerce controle sobre os fluxos monetários. Produz álcalis e caminhões. Participa amplamente da formação interna de capital. Regula atividades de seguro, disciplina as cooperativas agrícolas. Realiza toda a comercialização da borracha nativa produzida no país. Orienta a composição das inversões privadas, intervém no mercado de capitais. Como se vê, o Estado brasileiro dispõe de variados e importantes poderes. (Carlos Lessa. *Quinze anos de política econômica.*)

Também chamado de República Populista, o nosso período revela uma questão fundamental: a incorporação das classes populares à vida política. Uma das formas para tal ocorrência consistiu no lento e gradativo uso do direito de voto. Mesmo que se considere a exclusão do analfabeto do direito de votar, marginalizando um grande contingente das populações urbana e rural e a existência da política clientelística, não se deve menos-

O movimento militar de 1964 frustrou as expectativas de uma sociedade mais justa e democrática e instituiu uma ditadura da qual o país só conseguiu se livrar duas décadas depois.

prezar essa manifestação eleitoral, quando se observa a crescente importância dos partidos progressistas e ideológicos. A verdade é, como pondera o analista Olavo Brasil,

> a sociedade brasileira, com a sua maioria de pobres e remediados, acabará, mais cedo ou mais tarde, nas mãos desses estratos sociais mais numerosos pelo mecanismo simples e direto da verdade eleitoral, a menos que se fizesse algo para impedir essa fatalidade histórica.

Contribuiu, também, para a citada incorporação, a política populista, não no que se refere à manipulação das massas, mas no que atendia às reais reivindicações das classes populares. Não consistem em um mero acaso as lideranças de Vargas e Goulart, junto a essas classes, exercidas por meio do "trabalhismo", em que se efetivava uma relação mais complexa do que as estabelecidas pela simples manipulação das massas por seu líder carismático.

O movimento sindical, as organizações sindicais paralelas, a progressiva importância dos partidos ideológicos, a ação dos comunistas no conjunto nada desprezível das greves são exemplo dessas manifestações que nada tinham de subalternas. Considere-se, no mesmo sentido, o conjunto de nossas manifestações culturais.

A crise dos anos sessenta amplia a participação dessas lideranças sindicais e populares no cenário político, por meio das Reformas de Base. Objetivava-se, com elas, minorar a aguda desigualdade social, ampliar os limites de nossa democracia liberal, sem que o capitalismo corresse riscos. Assim é que a reforma agrária pretendia uma melhor distribuição e utilização da terra; a reforma urbana buscava disciplinar o uso e a posse do solo urbano contra a ação dos especuladores; a reforma tributária propunha aumentar impostos para os mais ricos, com o aumento da carga fiscal para o imposto de renda; a reforma bancária almejava uma política de crédito com critérios sociais mais abrangentes; a reforma do estatuto do capital estrangeiro tinha como meta privilegiar o capital produtivo e defender os interesses nacionais, regulamentando a remessa; a reforma eleitoral ampliava o direito de voto do analfabeto. Postas num contexto de crise, diante de forças conservadoras e golpistas que, durante duas décadas demonstraram a sua aversão ao protagonismo das classes populares e trabalhadoras, precipitaram as articulações que acabaram por impor, com o Golpe Militar de 1964, a ditadura no país.

Sugestões de leitura

ABREU, Marcelo Paiva (org.). *A Ordem do Progresso*. Rio de Janeiro: Campus, 1989.

BAER, Werner. *A industrialização e o desenvolvimento econômico do Brasil*. Rio de Janeiro: Fundação Getúlio Vargas, 1975.

BANDEIRA, Moniz. O *Governo Goulart – as lutas sociais no Brasil – 1961-1964*. Rio de Janeiro: Civilização Brasileira, 1977.

BASTOS, Élide R. *As ligas camponesas*. Petrópolis: Vozes, 1984.

BENEVIDES, Maria Victória de Mesquita. *A UDN e o Udenismo*. Rio de Janeiro: Paz e Terra, 1981.

_____. *O Governo Kubitschek (desenvolvimento econômico e estabilidade política)*. Rio de Janeiro: Paz e Terra, 1976.

BERNADET, Jean Claude. *Brasil em tempo de cinema*. Rio de Janeiro: Civilização Brasileira, 1967.

BOJUNGA, Cláudio. *JK – o artista do impossível*. Rio de Janeiro: Objetiva, 2001.

BOSI, Alfredo. *História concisa da literatura brasileira*. São Paulo: Cultrix, 2000.

BRASIL, Olavo. *Partidos políticos brasileiros (1945 a 1964)*. Rio de Janeiro: Graal, 1983.

CANO, Wilson. *Desequilíbrios regionais no Brasil – 1930-1970*. São Paulo: Global Editora, 1985.

CARONE, Edgard. *A República Liberal – evolução política – 1945-1964*. São Paulo: DIFEL, 1985.

_____. *A República Liberal (instituições e classes sociais –1945-1964)*. São Paulo: DIFEL, 1985.

CATANI, Afrânio e SOUZA, José C. de Melo. *A chanchada no cinema brasileiro*. São Paulo: Brasiliense, 1983.

CHAUÍ, Marilena. *Seminários*. São Paulo: Brasiliense, 1983.

CRUZ, Adelina Alves Novaes e outros (orgs.). *Impasse na democracia brasileira – 1951/1955*. Rio de Janeiro: Fundação Getúlio Vargas, 1983.

D'ARAÚJO, Maria Celina Soares. *O segundo governo Vargas – 1951-1954*. Rio de Janeiro: Zahar e Editores, 1982.

DELGADO, Lucília de Almeida Neves. *PTB – do Getulismo ao Reformismo – 1945-1964*. São Paulo: Marco Zero, 1979.

DRAIBE, Sônia. *Rumos e metamorfose (Estado e industrialização no Brasil: 1930-1960)*. Rio de Janeiro: Paz e Terra, 1985.

DREIFUSS, R. Armand. *1964*: a conquista do Estado. Petrópolis: Vozes, 1981.

ERICKSON, Kenneth P. *Sindicalismo no processo político no Brasil*. São Paulo: Brasiliense, 1979.

FAUSTO, Boris (org.). O *Brasil republicano (economia e cultura –1930-1964)*. São Paulo: DIFEL, 1984.

____ (org.). O *Brasil republicano (sociedade e política – 1930-1964)*. São Paulo: DIFEL, 1981.

FERREIRA, Jorge (org.). *O populismo e sua história (debate e crítica)*. Rio de Janeiro: Civilização Brasileira, 2001.

FLEISCHER, David V. (org.). *Os Partidos Políticos no Brasil*. Brasília: Editora da Universidade de Brasília, 1981, 2 v.

FURTADO, Celso (org.). *Brasil*: tempos modernos. Rio de Janeiro: Paz e Terra, 1968.

GOMES, Angela de Castro (org.). *Vargas e a crise dos anos 50*. Rio de Janeiro: Relume-Dumará, 1994.

_____ (org.). *O Brasil de JK*. Rio de Janeiro: Fundação Getúlio Vargas, 2002.

HIPPOLITO, Lúcia. *PSD – de raposas e reformistas*. Rio de Janeiro: Paz e Terra, 1985.

HOLANDA, Heloisa B. e GONÇALVES, Marcos A. *Cultura e participação nos anos 60*. São Paulo: Brasiliense, 1988.

IANNI, Octávio. *Estado e planejamento econômico no Brasil*. Rio de Janeiro: Civilização Brasileira, 1986, 4ª edição.

_____ *Et alii. Política e revolução social no Brasil*. Rio de Janeiro: Civilização Brasileira, 1965.

LESSA, Carlos. *Quinze anos de política econômica*. São Paulo: Brasiliense, 1983.

LEVINE, Robert M. *Pai dos Pobres – o Brasil e a Era Vargas*. São Paulo: Companhia das Letras, 2001.

MARTINS, Heloísa Helena T. de Souza. *O Estado e burocratização do sindicato no Brasil*. São Paulo: HUCITEC, 1979.

NAPOLITANO, Marcos. *Cultura Brasileira*: utopia e massificação (1950-1980). São Paulo: Contexto, 2001.

NOGUEIRA, Marco Aurélio. *As possibilidades da política*. Rio de Janeiro: Paz e Terra, 1998.

RIBEIRO, J. Augusto. *A era Vargas – 1950-1954*. Rio de Janeiro: Casa Jorge, 2001.

RODRIGUES, José Albertinio. *Sindicato e desenvolvimento no Brasil*. São Paulo: Símbolo, 1979.

RODRIGUES, Leôncio. *Conflito industrial e sindicalismo no Brasil*. São Paulo: DIFEL, 1966.

ROSE, R. S. *Uma das coisas esquecidas (Getúlio Vargas e o controle social no Brasil – 1930-1964)*. São Paulo: Companhia das Letras, 2001.

SAES, Décio. *Classe média e sistema político no Brasil*. São Paulo: Queiroz Editor, 1985.

SARETTA, Fausto. *Política econômica brasileira (1946-1951)*. Araraquara: Cultura Acadêmica Editora, 2000.

SILVA, Hélio. *1964*: golpe ou contragolpe? Rio de Janeiro: Civilização Brasileira,1975.

SKIDMORE, Thomas. *Brasil*: de Getúlio a Castelo. Rio de Janeiro: Editora Saga, 1969.

SOUZA, Maria do Carmo Campello. *Estado e partidos políticos no Brasil (1930-1964)*. São Paulo: Alfa-Ômega, 1976.

SZMRECSÁNYI, Tamás e SUZIGAN, Wilson (org.). *História econômica do Brasil contemporâneo*. São Paulo: HUCITEC, 1997.

TAVARES, Maria Conceição. *Da substituição de importações ao capitalismo financeiro*. Rio de Janeiro: Zahar, 1972.

TINHORÃO, José Ramos. *Pequena história da música popular*. Círculo do Livro, s/d.

TOLEDO, Caio Navarro de. *O Governo Goulart e o Golpe de 1964*. São Paulo: Brasiliense, 1982.

WEFFORT, Francisco. *O populismo na política brasileira*. Rio de Janeiro: Paz e Terra, 1978.

Siglas

AP	Ação Popular
BIRD	Banco Internacional de Reconstrução e Desenvolvimento
BNDE	Banco Nacional de Desenvolvimento Econômico
CPC	Centro Popular de Cultura
CGT	Comando Geral dos Trabalhadores
CSN	Companhia Siderúrgica Nacional
CONTAG	Confederação dos Trabalhadores da Agricultura
CLT	Consolidação das Leis do Trabalho
FIESP	Federação das Indústrias de São Paulo
FPN	Frente Parlamentar Nacionalista
FMI	Fundo Monetário Internacional
IBAD	Instituto Brasileiro de Ação Democrática
IPES	Instituto de Pesquisas e Estudos Sociais
ISEB	Instituto Superior de Estudos Brasileiros
MUT	Movimento de Unificação dos Trabalhadores
OAB	Ordem dos Advogados do Brasil
OEA	Organização dos Estados Americanos
POLOP	Organização Revolucionária Marxista – Política Operária
PUI	Pacto de Unidade Sindical
PCB	Partido Comunista Brasileiro
PC do B	Partido Comunista do Brasil
PDC	Partido Democrata Cristão
PIB	Produto Interno Bruto
PORT	Partido Operário Revolucionário Trotskista
PRP	Partido da Representação Popular
PSD	Partido Social Democrático

PSP	Partido Social Progressista
PSB	Partido Socialista Brasileiro
PTB	Partido Trabalhista Brasileiro
SUDENE	Superintendência do Desenvolvimento do Nordeste
SUMOC	Superintendência da Moeda e do Crédito
SUPRA	Superintendência da Reforma Agrária
UDN	União Democrática Nacional
ULTAB	União dos Lavradores e Trabalhadores do Brasil
UNE	União Nacional dos Estudantes